Cucina Senza Sale

Un Viaggio del Cuore Verso il Benessere

Luca Crotta

Sommario

Avena al burro di arachidi 12

Panini con noci e frutta 13

biscotti alla banana.. 14

avena di mele 15

muffin ai mirtilli 16

Pancakes al cocco 18

Pancakes ai mirtilli.. 19

semifreddo alla zucca 20

cialde di patate dolci.. 21

toast francese 22

avena al cacao 23

farina d'avena al mango 24

Farina d'avena con ciliegie e pere 25

Ciotole in noce e arancia 26

Pesche e panna al forno 27

Bowl di mele e yogurt.. 28

Farina d'avena con mango e melograno 29

Ciotole con semi di chia e melograni... 30

Hash di uova e carote 31

Frittata con peperoncino... 32

Frittata di prezzemolo 33

Uova e carciofi al forno 34

Casseruola di fagioli e uova 35

Scramble di formaggio alla curcuma 36

Patate fritte e verdure	37
Risotto erba cipollina e pancetta	39
Quinoa con Cannella e Pistacchi	41
Mix di yogurt alla ciliegia	42
Miscela di prugne e cocco	43
yogurt alla mela	44
Ciotole di fragole e avena	45
mix di pesca all'acero	46
Riso alla cannella e datteri	47
Yogurt di fichi, pere e melograno	48
Purea di fragole con cocco	49
Riso cremoso e fragole	50
Riso al cocco e vaniglia	51
riso al cocco e ciliegia	52
mix di riso allo zenzero	53
Salsiccia in casseruola calda	54
Ciotole di riso ai funghi	56
Uova di pomodoro e spinaci	57
frittata al sesamo	58
farina d'avena di zucca	59
Ciotola con mandorle e cocco	60
Insalata tiepida di ceci	61
Budino Al Miglio E Cacao	62
budino di chia	63
budino di tapioca	64
Cheddar Hash	65
insalata di piselli	66

Mix di quinoa e ceci 67

insalata di olive e peperoni 68

Miscela di fagiolini e uova 69

insalata di carote e uova 70

fragola cremosa 71

Ciotole con mele e uvetta 72

porridge di grano saraceno con zenzero 73

insalata di cavolfiori e peperoni 74

Pollo e patate fritte 75

Ricette Dash per il pranzo dietetico 76

Burrito di fagioli neri 77

Mix di pollo e mango 78

torta di ceci 79

Ciotole di salsa e cavolfiore 80

Insalata di salmone e spinaci 81

Mix di pollo e cavolo 82

Insalata di salmone e rucola 83

Insalata di gamberetti e verdure 84

Wrap di tacchino e peperoni 85

zuppa di fagiolini 87

Insalata di avocado, spinaci e olive 88

Casseruola Di Manzo E Zucchine 89

Miscela di patate con manzo e timo 90

Zuppa di maiale e carote 91

Insalata di gamberi e fragole 92

Insalata di gamberetti e fagiolini 93

tacos di pesce 94

torta alla zucca 95

Casseruola di ceci e pomodorini 97

Insalata di pollo, pomodori e spinaci 98

Ciotole di asparagi e peperoni 99

stufato di manzo caldo 100

Costolette di maiale con funghi 101

Insalata di gamberetti al coriandolo 102

casseruola di melanzane 103

Miscela di manzo e piselli 104

spezzatino di tacchino 105

insalata di manzo 106

Zucchini Casserole 108

Miscela di cavolo e manzo 109

Casseruola di maiale e fagiolini 110

Vellutata di zucca 111

Insalata di gamberi e uva 112

Crema di carote alla curcuma 113

Zuppa di manzo e fagioli neri 114

Ciotole di salmone e gamberi 116

Salsa di pollo e aglio 117

Casseruola di pollo e melanzane con curcuma 118

Misto di pollo e indivia 120

zuppa di tacchino 121

Mix di pollo e lenticchie 122

pollo e cavolfiore 123

Zuppa di pomodoro e carote con basilico 125

Maiale con patate dolci 126

Zuppa di trota e carote 127

Casseruola di tacchino e finocchio 128

zuppa di melanzane 129

crema di patate dolci 130

Zuppa di pollo e funghi 131

padella di salmone al limone 133

Insalata di patate 134

Carne macinata e pomodori 136

Insalata di gamberi e avocado 137

broccoli cremosi 138

Zuppa di cavoli 139

Zuppa di sedano e cavolfiore 140

Zuppa di maiale e porri 141

Insalata di menta con gamberi e broccoli 142

Zuppa di gamberi e merluzzo 144

Miscela di gamberetti e cipolle verdi 146

Stufato di spinaci 147

Mix di cavolfiore al curry 148

casseruola di carote e zucchine 149

Casseruola di cavoli e fagiolini 150

Zuppa di funghi piccante 151

maiale al pepe 153

Insalata di peperoni, funghi e salmone 154

Mix di ceci e patate 155

Miscela di pollo al cardamomo 157

Pepe Di Lenticchie 159

indivia al rosmarino 161

cicoria al limone	162
pesto di asparagi	163
carota al peperoncino	164
padella cremosa di patate	165
cavolo al sesamo	166
broccoli al coriandolo	167
Cavolini di Bruxelles piccanti	168
Mix di cavoletti di Bruxelles e cipolla verde	169
purea di cavolfiore	170
insalata di avocado	171
insalata di ravanelli	172
insalata di indivia al limone	173
Miscela di olive e mais	174
Insalata di rucola e pinoli	175
mandorle e spinaci	176
Insalata di fagiolini e mais	177
insalata di indivia e cavolo riccio	178
insalata di edamame	179
Insalata di uva e avocado	180
Mix di melanzane al timo	181
mix di pomodori arrostiti	182
fungo al timo	183
spinaci e mais	184
mais e capelin	185
Insalata di spinaci e mango	186
patate con senape	187
Cavolini di Bruxelles al cocco	188

Carota salvia	189
Funghi all'aglio e mais	190
pesto di fagiolini	191
pomodoro al dragoncello	192
barbabietola alle mandorle	193
menta pomodoro e mais	194
Salsa di zucchine e avocado	195
Miscela di mele e cavoli	196
Barbabietole al forno	197
cavolo all'aneto	198
insalata di cavoli e carote	199
salsa con pomodorini e olive	200
insalata di zucchine	201
Insalata di carote al curry	202
Insalata di lattuga e barbabietola	203
ravanelli vegetali	204
mix di finocchi arrostiti	205
peperone arrostito	206
Datteri e cavoli	207
Miscela di fagioli neri	208
Misto di olive e cicoria	209
Insalata di pomodori e cetriolo	210
Insalata di peperoni e carote	211
Mix di fagioli neri e riso	212
Misto di riso e cavolfiore	213
Miscela di fagioli balsamici	214
crema di barbabietola	215

Miscela di avocado e pepe 216

Patate dolci e barbabietole al forno 217

Facciamo bollire il cavolo 218

carote condite 219

carciofi al limone 220

Avena al burro di arachidi

Tempo di preparazione: 6 ore e 10 minuti

Tempo di cottura: 0 minuti
Pasti: 1

Materiali:
- 1 cucchiaio di semi di chia
- ½ tazza di latte di mandorle
- 2 cucchiai di burro di arachidi naturale
- 1 cucchiaio di stevia
- ½ tazza di farina d'avena senza glutine
- 2 cucchiai di lamponi

Istruzioni:
1. In un barattolo di vetro, mescolare l'avena con gli altri ingredienti tranne i semi di chia e i lamponi, mescolare un po', coprire e lasciare in frigorifero per 6 ore.
2. Guarnire con lamponi e servire a colazione.

Cibo: calorie 454, grassi 23,9, fibre 12, carboidrati 50,9, proteine 14,6

Panini con noci e frutta

Tempo di preparazione: 10 minuti
Tempo di cottura: 12 minuti
Pasti: 8

Materiali:
- 2 tazze di farina di mandorle
- ½ cucchiaino di lievito in polvere
- ¼ tazza di mirtilli rossi secchi
- ¼ tazza di semi di girasole
- ¼ di tazza di albicocche a fette
- ¼ di tazza di noci tritate
- ¼ tazza di semi di sesamo
- 2 cucchiai di stevia
- 1 uovo sbattuto

Istruzioni:
1. Mescolare la farina con il lievito, i mirtilli rossi e gli altri ingredienti in una ciotola e mescolare bene.
2. Formate un quadrato con l'impasto, stendetelo su un piano di lavoro infarinato e dividetelo in 16 quadrati.
3. Disporre i quadratini su una teglia rivestita di carta da forno e cuocere i muffin a 180°C per 12 minuti.
4. Servi la torta a colazione.

Cibo: calorie 238, grassi 19,2, fibre 4,1, carboidrati 8,6, proteine 8,8

biscotti alla banana

Tempo di preparazione: 10 minuti
Tempo di cottura: 15 minuti
Pasti: 12

Materiali:
- 1 tazza di pasta di mandorle
- ¼ di tazza di stevia
- 1 cucchiaino di estratto di vaniglia
- 2 banane, sbucciate e schiacciate
- 2 tazze di farina d'avena senza glutine
- 1 cucchiaino di cannella in polvere
- 1 tazza di mandorle, tritate
- ½ tazza di uvetta

Istruzioni:
1. Mescolare il burro, la stevia e gli altri ingredienti in una ciotola e mescolare bene con uno sbattitore manuale.
2. Disporre gli stampini di media grandezza di questo composto su una teglia rivestita di carta da forno e premere leggermente.
3. Cuocerli a 180°C per 15 minuti e servirli a colazione.

Cibo: calorie 280, grassi 16, fibre 4, carboidrati 29, proteine 8

avena di mele

Tempo di preparazione: 10 minuti
Tempo di cottura: 7 ore
Pasti: 4

Materiali:
- 2 mele, sbucciate e tritate
- 1 tazza di farina d'avena senza glutine
- 1 tazza e ½ d'acqua
- 1 tazza e ½ di latte di mandorle
- avvolgere 2 cucchiai
- 2 cucchiai di pasta di mandorle
- ½ cucchiaino di cannella in polvere
- 1 cucchiaio di semi di lino macinati
- spray da cucina

Istruzioni:
1. Rivesti la pentola a cottura lenta con spray da cucina e mescola l'avena con l'acqua e gli altri ingredienti all'interno.
2. Mescolare un po' e cuocere a fuoco basso per 7 ore.
3. Dividere in ciotole e servire come colazione.

Cibo: calorie 149, grassi 3,6, fibre 3,9, carboidrati 27,3, proteine 4,9

muffin ai mirtilli

Tempo di preparazione: 10 minuti
Tempo di cottura: 25 minuti
Pasti: 12

Materiali:
- 2 banane, sbucciate e schiacciate
- 1 tazza di latte di mandorle
- 1 cucchiaino di estratto di vaniglia
- ¼ di tazza di sciroppo d'acero puro
- 1 cucchiaino di aceto di mele
- ¼ di tazza di olio di cocco, sciolto
- 2 tazze di farina di mandorle
- 4 cucchiai di zucchero di cocco
- 2 cucchiaini di cannella in polvere
- 2 cucchiaini di lievito in polvere
- 2 tazze di mirtilli
- ½ cucchiaino di lievito in polvere
- ½ tazza di noci tritate

Istruzioni:
1. Mescolare bene le banane con il latte di mandorle, la vaniglia e gli altri ingredienti in una ciotola.
2. Dividere il composto in 12 stampini per muffin e infornare a 180°C per 25 minuti.
3. Servi la torta a colazione.

Cibo: calorie 180, grassi 5, fibre 2, carboidrati 31, proteine 4

Pancakes al cocco

Tempo di preparazione: 10 minuti
Tempo di cottura: 6 minuti
Pasti: 12

Materiali:
- 1 tazza di farina di mandorle
- 1 cucchiaio di semi di lino macinati
- 2 bicchieri di latte di cocco
- 2 cucchiai di olio di cocco, sciolto
- 1 cucchiaino di cannella in polvere
- 2 cucchiaini di stevia

Istruzioni:
1. Mescolare in una ciotola la farina con i semi di lino, il latte, metà dell'olio, la cannella e la stevia e mescolare bene.
2. Scaldare la padella con l'olio rimanente a fuoco medio, distribuire ¼ di tazza di impasto per pancake nella padella, cuocere per 2-3 minuti su ciascun lato e trasferire su un piatto.
3. Ripetere l'operazione con la pastella rimanente per i pancake e servire a colazione.

Cibo: calorie 71, grassi 3, fibre 1, carboidrati 8, proteine 1

Pancakes ai mirtilli

Tempo di preparazione: 10 minuti
Tempo di cottura: 7 minuti
Pasti: 12

Materiali:
- 2 uova, strapazzate
- 4 cucchiai di latte di mandorle
- 1 tazza di yogurt intero
- 3 cucchiai di olio di cocco, sciolto
- ½ cucchiaino di estratto di vaniglia
- 1 tazza e ½ di farina di mandorle
- 2 cucchiai di stevia
- 1 tazza di mirtilli
- 1 cucchiaio di olio di avocado

Istruzioni:
1. In una ciotola mescolare bene le uova con gli altri ingredienti tranne il latte di mandorle e l'olio.
2. Scaldare una padella con olio a fuoco medio, aggiungere ¼ tazza di impasto, distribuirlo nella padella, cuocere per 4 minuti, girare, cuocere per altri 3 minuti e trasferire su un piatto.
3. Ripetere l'operazione con il resto dell'impasto e servire i pancake a colazione.

Cibo: calorie 64, grassi 4,4, fibre 1,1, carboidrati 4,7, proteine 1,8

semifreddo alla zucca

Tempo di preparazione: 10 minuti
Tempo di cottura: 0 minuti
Pasti: 4

Materiali:
- ¼ di tazza di anacardi
- ½ bicchiere d'acqua
- 2 cucchiaini di spezie per torta di zucca
- 2 tazze di purea di zucca
- 2 cucchiai di sciroppo d'acero
- 1 pera, senza semi, sbucciata e affettata
- 2 tazze di yogurt al cocco

Istruzioni:
1. Mescolare gli anacardi con gli altri ingredienti tranne acqua e yogurt e mescolare bene.
2. Dividete lo yogurt nelle coppette, versateci sopra la crema di zucca e servite.

Cibo: calorie 200, grassi 6,4, fibre 5,1, carboidrati 32,9, proteine 5,5

cialde di patate dolci

Tempo di preparazione: 10 minuti
Tempo di cottura: 10 minuti
Pasti: 6

Materiali:
- ½ tazza di patate dolci, cotte, sbucciate e grattugiate
- 1 tazza di latte di mandorle
- 1 tazza di farina d'avena senza glutine
- 2 uova, strapazzate
- 1 cucchiaio di miele
- ¼ di cucchiaino di lievito in polvere
- 1 cucchiaio di olio d'oliva
- spray da cucina

Istruzioni:
1. In una ciotola, unisci le patate dolci con tutti gli altri ingredienti tranne il latte di mandorle e lo spray da cucina e mescola bene.
2. Ungere gli stampini per waffle con spray da cucina e versare in ogni stampo 1/3 del composto.
3. Cuocere i waffle per 3-4 minuti e servirli a colazione.

Cibo: calorie 352, grassi 22,4, fibre 6,7, carboidrati 33,4, proteine 8,4

toast francese

Tempo di preparazione: 10 minuti
Tempo di cottura: 5 minuti
Pasti: 2

Materiali:
- 4 fette di pane integrale
- 2 cucchiai di zucchero di cocco
- ½ tazza di latte di cocco
- 2 uova, strapazzate
- 1 cucchiaino di estratto di vaniglia
- spray da cucina

Istruzioni:
1. Mettete in una ciotola lo zucchero, il latte, l'uovo e la vaniglia e mescolate bene.
2. Immergere ogni fetta di pane in questo composto.
3. Scaldare una padella unta con spray da cucina a fuoco medio, aggiungere i french toast, cuocere per 2-3 minuti per lato, distribuire nei piatti e servire a colazione.

Cibo: calorie 508, grassi 30,8, fibre 7,1, carboidrati 55,1, proteine 16,2

avena al cacao

Tempo di preparazione: 10 minuti
Tempo di cottura: 20 minuti
Pasti: 4

Materiali:
- 2 tazze di latte di mandorle
- 1 tazza di avena vecchio stile
- 2 cucchiai di zucchero di cocco
- 1 cucchiaino di cacao in polvere
- 2 cucchiaini di estratto di vaniglia

Istruzioni:
1. Scaldare un pentolino con il latte a fuoco medio, aggiungere i fiocchi e gli altri ingredienti, portare ad ebollizione e cuocere per 20 minuti.
2. Dividete l'avena in ciotole e servitela a colazione ancora calda.

Cibo: calorie 406, grassi 30, fibre 4,8, carboidrati 30,2, proteine 6

farina d'avena al mango

Tempo di preparazione: 10 minuti
Tempo di cottura: 20 minuti
Pasti: 4

Materiali:
- 2 bicchieri di latte di cocco
- 1 tazza di avena vecchio stile
- 1 tazza di mango, sbucciato e tritato
- 3 cucchiai di pasta di mandorle
- 2 cucchiai di zucchero di cocco
- ½ cucchiaino di estratto di vaniglia

Istruzioni:
1. Mettete il latte in un pentolino, scaldatelo a fuoco medio, aggiungete i fiocchi e gli altri ingredienti, mescolate, portate ad ebollizione e fate cuocere per 20 minuti.
2. Mescolare la farina d'avena, dividerla in ciotole e servire.

Cibo: calorie 531, grassi 41,8, fibre 7,5, carboidrati 42,7, proteine 9,3

Farina d'avena con ciliegie e pere

Tempo di preparazione: 10 minuti
Tempo di cottura: 10 minuti
Pasti: 6

Materiali:
- 2 tazze di avena vecchio stile
- 3 tazze di latte di mandorle
- 2 cucchiai e ½ di cacao in polvere
- 1 cucchiaino di estratto di vaniglia
- 10 once di ciliegie snocciolate
- 2 pere, sbucciate e tritate

Istruzioni:
1. Mescolare l'avena con il latte e gli altri ingredienti in una pentola a pressione, mescolare, coprire e cuocere a fuoco vivace per 10 minuti.
2. Lasciare andare la pressione in modo naturale per circa 10 minuti, mescolare ancora una volta i fiocchi d'avena, dividerli nelle ciotole e servire.

Cibo: calorie 477, grassi 30,7, fibre 8,3, carboidrati 49,6, proteine 7

Ciotole in noce e arancia

Tempo di preparazione: 10 minuti
Tempo di cottura: 20 minuti
Pasti: 4

Materiali:
- 1 tazza di farina d'avena
- 2 bicchieri di succo d'arancia
- 2 cucchiai di olio di cocco, sciolto
- 2 cucchiai di stevia
- 3 cucchiai di noci, tritate
- ¼ cucchiaino di estratto di vaniglia

Istruzioni:
1. Scaldare un pentolino a fuoco medio con il succo d'arancia, aggiungere l'avena, il burro e gli altri ingredienti, frullare, cuocere per 20 minuti, dividere in ciotole e servire a colazione.

Cibo: calorie 288, grassi 39,1, fibre 3,4, carboidrati 48,3, proteine 4,7

Pesche e panna al forno

Tempo di preparazione: 10 minuti
Tempo di cottura: 20 minuti
Pasti: 4

Materiali:
- 2 tazze di crema al cocco
- 1 cucchiaino di cannella in polvere
- 1/3 di tazza di zucchero di palma
- Togliere i semi a 4 pesche e tagliarle a rondelle.
- spray da cucina

Istruzioni:
1. Ungere una teglia con spray da cucina e mescolare le pesche con gli altri ingredienti.
2. Cuocilo a 360 gradi F per 20 minuti, dividilo in ciotole e servilo a colazione.

Cibo: calorie 338, grassi 29,2, fibre 4,9, carboidrati 21, proteine 4,2

Bowl di mele e yogurt

Tempo di preparazione: 10 minuti
Tempo di cottura: 15 minuti
Pasti: 4

Materiali:
- 1 tazza di farina d'avena
- 1 tazza e ½ di latte di mandorle
- 1 tazza di yogurt magro
- ¼ di tazza di sciroppo d'acero
- 2 mele, sbucciate e tritate
- ½ cucchiaino di cannella in polvere

Istruzioni:
1. Mescolare l'avena con gli altri ingredienti tranne il latte e lo yogurt in un pentolino, far bollire e cuocere a fuoco medio per 15 minuti.
2. Dividete lo yogurt nelle ciotole, spalmate sopra il composto di mele e avena e servite a colazione.

Cibo: calorie 490, grassi 30,2, fibre 7,4, carboidrati 53,9, proteine 7

Farina d'avena con mango e melograno

Tempo di preparazione: 10 minuti
Tempo di cottura: 20 minuti
Pasti: 4

Materiali:
- 3 tazze di latte di mandorle
- 1 tazza di farina d'avena
- 1 cucchiaio di cannella in polvere
- 1 mango, sbucciato e tritato
- ½ cucchiaino di estratto di vaniglia
- 3 cucchiai di semi di melograno

Istruzioni:
1. Mettete il latte in un pentolino e scaldatelo a fuoco medio.
2. Aggiungere l'avena, la cannella e gli altri ingredienti, mescolare, cuocere per 20 minuti, dividere in ciotole e servire come colazione.

Cibo: calorie 568, grassi 44,6, fibre 7,5, carboidrati 42,5, proteine 7,8

Ciotole con semi di chia e melograni

Tempo di preparazione: 10 minuti
Tempo di cottura: 20 minuti
Pasti: 4

Materiali:
- ½ tazza di farina d'avena
- 2 tazze di latte di mandorle
- ¼ di tazza di semi di melograno
- 4 cucchiai di semi di chia
- 1 cucchiaino di estratto di vaniglia

Istruzioni:
1. Mettete il latte in un pentolino, fate bollire a fuoco medio, aggiungete i fiocchi e gli altri ingredienti, portate ad ebollizione e fate cuocere per 20 minuti.
2. Dividete il composto in ciotole e servite come colazione.

Cibo: calorie 462, grassi 38, fibre 13,5, carboidrati 27,1, proteine 8,8

Hash di uova e carote

Tempo di preparazione: 10 minuti
Tempo di cottura: 20 minuti
Pasti: 4

Materiali:
- 2 carote, sbucciate e tritate
- 1 cucchiaio di olio d'oliva
- 1 cipolla gialla, tritata
- 1 tazza di formaggio cheddar magro, grattugiato
- 8 uova strapazzate
- 1 bicchiere di latte di cocco
- Un pizzico di sale e pepe

Istruzioni:
1. Scaldare una padella a fuoco medio, aggiungere cipolle e carote, mescolare e friggere per 5 minuti.
2. Aggiungere le uova e gli altri ingredienti, mescolare, cuocere per 15 minuti mescolando spesso, distribuire nei piatti e servire.

Cibo: calorie 431, grassi 35,9, fibre 2,7, carboidrati 10, proteine 20

Frittata con peperoncino

Tempo di preparazione: 10 minuti
Tempo di cottura: 15 minuti
Pasti: 4

Materiali:
- 4 uova sbattute
- un pizzico di pepe nero
- ¼ tazza di pancetta a basso contenuto di sodio, tagliata a dadini
- 1 cucchiaio di olio d'oliva
- 1 tazza di peperone rosso, tritato
- 4 cipolline, tritate
- ¾ tazza di formaggio magro, grattugiato

Istruzioni:
1. Scaldare una padella con olio a fuoco medio, aggiungere cipollotti e peperoni, mescolare e cuocere per 5 minuti.
2. Aggiungere le uova e gli altri ingredienti, agitare, distribuire nella padella, cuocere 5 minuti, girare, cuocere altri 5 minuti, distribuire nei piatti e servire.

Cibo: calorie 288, grassi 18, fibre 0,8, carboidrati 4, proteine 13,4

Frittata di prezzemolo

Tempo di preparazione: 10 minuti
Tempo di cottura: 20 minuti
Pasti: 4

Materiali:
- un pizzico di pepe nero
- 4 uova sbattute
- 2 cucchiai di prezzemolo tritato
- 1 cucchiaio di formaggio magro, grattugiato
- 1 cipolla rossa, tritata
- 1 cucchiaio di olio d'oliva

Istruzioni:
1. Scaldare una padella con olio a fuoco medio, aggiungere cipolla e pepe, mescolare e soffriggere per 5 minuti.
2. Aggiungere le uova mescolate con gli altri ingredienti, distribuirle nella padella, mettere in forno e cuocere a 180 gradi F per 15 minuti.
3. Dividete la frittata nei piatti e servite.

Cibo: calorie 112, grassi 8,5, fibre 0,7, carboidrati 3,1, proteine 6,3

Uova e carciofi al forno

Tempo di preparazione: 5 minuti
Tempo di cottura: 20 minuti
Pasti: 4

Materiali:
- 4 uova
- 4 fette di formaggio cheddar magro, grattugiato
- 1 cipolla gialla, tritata
- 1 cucchiaio di olio di avocado
- 1 cucchiaio di coriandolo, tritato
- 1 tazza di carciofi in scatola non salati, scolati e tritati

Istruzioni:
1. Ungere 4 teglie, dividere la cipolla in ogni ciotola, rompere un uovo in ogni ciotola, aggiungere i carciofi e cospargere sopra il coriandolo e il formaggio cheddar.
2. Mettere gli stampini nel forno e cuocere a 380 gradi F per 20 minuti.
3. A colazione vengono servite uova strapazzate.

Cibo: calorie 178, grassi 10,9, fibre 2,9, carboidrati 8,4, proteine 14,2

Casseruola di fagioli e uova

Tempo di preparazione: 10 minuti
Tempo di cottura: 30 minuti
Pasti: 8

Materiali:
- 8 uova strapazzate
- 2 cipolle rosse, tritate
- 1 peperone rosso, tritato
- 4 once di fagioli neri in scatola, senza aggiunta di sale, scolati e sciacquati
- ½ tazza di cipolla verde tritata
- 1 tazza di mozzarella magra, grattugiata
- spray da cucina

Istruzioni:
1. Ungere una teglia con spray da cucina e disporre i fagioli neri, le cipolle, le cipolle verdi e i peperoni sulla teglia.
2. Aggiungere le uova strapazzate con il formaggio, infornare e cuocere a 180°C per 30 minuti.
3. Dividere il composto nei piatti e servire come colazione.

Cibo: calorie 140, grassi 4,7, fibre 3,4, carboidrati 13,6, proteine 11,2

Scramble di formaggio alla curcuma

Tempo di preparazione: 10 minuti
Tempo di cottura: 15 minuti
Pasti: 4

Materiali:
- 3 cucchiai di mozzarella magra, tritata
- un pizzico di pepe nero
- 4 uova sbattute
- 1 peperone rosso, tritato
- 1 cucchiaino di curcuma in polvere
- 1 cucchiaio di olio d'oliva
- 2 scalogni, tritati

Istruzioni:
1. Scaldare una padella a fuoco medio, aggiungere lo scalogno e il peperoncino, mescolare e friggere per 5 minuti.
2. Aggiungete le uova mescolate agli altri ingredienti, mescolate, fate cuocere per 10 minuti, distribuite il tutto nei piatti e servite.

Cibo: calorie 138, grassi 8, fibre 1,3, carboidrati 4,6, proteine 12

Patate fritte e verdure

Tempo di preparazione: 10 minuti
Tempo di cottura: 20 minuti
Pasti: 4

Materiali:
- 1 cucchiaio di olio d'oliva
- 4 uova sbattute
- 1 tazza di patate fritte
- ½ tazza di formaggio cheddar magro, grattugiato
- 1 cipolla gialla piccola, tritata
- un pizzico di pepe nero
- ½ peperone verde, tritato
- ½ peperone rosso, tritato
- 1 carota, tritata
- 1 cucchiaio di coriandolo, tritato

Istruzioni:
1. Scaldare l'olio in una padella a fuoco medio, aggiungere le cipolle e i brownies e cuocere per 5 minuti.
2. Aggiungere pepe e carote, mescolare e cuocere per altri 5 minuti.
3. Aggiungere l'uovo, il pepe nero e il formaggio, mescolare e cuocere per altri 10 minuti.
4. Aggiungere il coriandolo, mescolare, cuocere ancora qualche secondo, distribuire il tutto nei piatti e servire a colazione.

Cibo:calorie 277, grassi 17,5, fibre 2,7, carboidrati 19,9, proteine 11

Risotto erba cipollina e pancetta

Tempo di preparazione: 10 minuti
Tempo di cottura: 25 minuti
Pasti: 4

Materiali:
- 3 fette di pancetta a basso contenuto di sodio, tagliate a dadini
- 1 cucchiaio di olio di avocado
- 1 tazza di riso bianco
- 1 cipolla rossa, tritata
- 2 tazze di brodo di pollo a basso contenuto di sodio
- 2 cucchiai di parmigiano magro, grattugiato
- 1 cucchiaio di coriandolo, tritato
- un pizzico di pepe nero

Istruzioni:
1. Scaldare una padella a fuoco medio, aggiungere la cipolla e la pancetta, mescolare e soffriggere per 5 minuti.
2. Aggiungere il riso e gli altri ingredienti, mescolare, portare a ebollizione e cuocere a fuoco medio per 20 minuti.
3. Mescolare il composto, dividerlo in ciotole e servire a colazione.

Cibo: calorie 271, grassi 7,2, fibre 1,4, carboidrati 40, proteine 9,9

Quinoa con Cannella e Pistacchi

Tempo di preparazione: 5 minuti
Tempo di cottura: 10 minuti
Pasti: 4

Materiali:
- 1 tazza e ½ d'acqua
- 1 cucchiaino di cannella in polvere
- 1 tazza e ½ di quinoa
- 1 tazza di latte di mandorle
- 1 cucchiaio di zucchero di cocco
- ¼ tazza di arachidi tritate

Istruzioni:
1. Mettete in un pentolino l'acqua e il latte di mandorle, fate bollire a fuoco medio, aggiungete la quinoa e gli altri ingredienti, mescolate, fate cuocere per 10 minuti, dividete in ciotole, fate raffreddare e servite a colazione.

Cibo: calorie 222, grassi 16,7, fibre 2,5, carboidrati 16,3, proteine 3,9

Mix di yogurt alla ciliegia

Tempo di preparazione: 10 minuti
Tempo di cottura: 0 minuti
Pasti: 4

Materiali:
- 4 tazze di yogurt magro
- 1 tazza di ciliegie, snocciolate e tagliate a metà
- 4 cucchiai di zucchero di cocco
- ½ cucchiaino di estratto di vaniglia

Istruzioni:
1. Unire in una ciotola lo yogurt, le amarene, lo zucchero e la vaniglia, mescolare e lasciare in frigorifero per 10 minuti.
2. Dividere in ciotole e servire come colazione.

Cibo: calorie 145, grassi 0, fibre 0,1, carboidrati 29, proteine 2,3

Miscela di prugne e cocco

Tempo di preparazione: 10 minuti
Tempo di cottura: 15 minuti
Pasti: 4

Materiali:
- Togliere il torsolo a 4 prugne e tagliarle a metà.
- 3 cucchiai di olio di cocco, sciolto
- ½ cucchiaino di cannella in polvere
- 1 tazza di crema al cocco
- ¼ tazza di cocco non zuccherato, tritato
- 2 cucchiai di semi di girasole, tostati

Istruzioni:
1. Condire le prugne con olio, cannella e altri ingredienti su una teglia, metterle nel forno e cuocere a 180 gradi F per 15 minuti.
2. Dividete il tutto nelle ciotole e servite.

Cibo: calorie 282, grassi 27,1, fibre 2,8, carboidrati 12,4, proteine 2,3

yogurt alla mela

Tempo di preparazione: 10 minuti
Tempo di cottura: 0 minuti
Pasti: 4

Materiali:
- 6 mele senza torsolo e frullate
- 1 bicchiere di succo di mela naturale
- 2 cucchiai di zucchero di cocco
- 2 tazze di yogurt magro
- 1 cucchiaino di cannella in polvere

Istruzioni:
1. Mescolate in una ciotola le mele con il succo di mela e gli altri ingredienti, dividetele nelle ciotole, conservatele in frigorifero per 10 minuti e servite.

Cibo: calorie 289, grassi 0,6, fibre 8,7, carboidrati 68,5, proteine 3,9

Ciotole di fragole e avena

Tempo di preparazione: 10 minuti
Tempo di cottura: 20 minuti
Pasti: 4

Materiali:
- 1 tazza e ½ di farina d'avena senza glutine
- 2 tazze e ¼ di latte di mandorle
- ½ cucchiaino di estratto di vaniglia
- 2 tazze di fragole a fette
- 2 cucchiai di zucchero di cocco

Istruzioni:
1. Mettere il latte in un pentolino, portare ad ebollizione a fuoco medio, aggiungere i fiocchi e gli altri ingredienti, mescolare, cuocere per 20 minuti, dividere in ciotole e servire a colazione.

Cibo: calorie 216, grassi 1,5, fibre 3,4, carboidrati 39,5, proteine 10,4

mix di pesca all'acero

Tempo di preparazione: 10 minuti
Tempo di cottura: 15 minuti
Pasti: 4

Materiali:
- 4 pesche, toglierne una manciata e tagliarle ad anelli
- ¼ di tazza di sciroppo d'acero
- ¼ di cucchiaino di estratto di mandorle
- ½ tazza di latte di mandorle

Istruzioni:
1. Mettete il latte di mandorle in un pentolino, fate bollire a fuoco medio, aggiungete le pesche e gli altri ingredienti, mescolate, fate cuocere per 15 minuti, dividete in ciotole e servite come colazione.

Cibo: calorie 180, grassi 7,6, fibre 3, carboidrati 28,9, proteine 2,1

Riso alla cannella e datteri

Tempo di preparazione: 10 minuti
Tempo di cottura: 20 minuti
Pasti: 4

Materiali:
- 1 tazza di riso bianco
- 2 tazze di latte di mandorle
- 4 datteri, affettati
- 2 cucchiai di cannella in polvere
- 2 cucchiai di zucchero di cocco

Istruzioni:
1. Mescolare il riso, il latte e gli altri ingredienti in una pentola, far bollire e cuocere a fuoco medio per 20 minuti.
2. Mescolare ancora una volta il composto, dividerlo in ciotole e servire a colazione.

Cibo: calorie 516, grassi 29, fibre 3,9, carboidrati 59,4, proteine 6,8

Yogurt di fichi, pere e melograno

Tempo di preparazione: 10 minuti
Tempo di cottura: 0 minuti
Pasti: 4

Materiali:
- 1 tazza di fichi, tagliati a metà
- 1 pera, sbucciata e tritata
- ½ tazza di semi di melograno
- ½ tazza di zucchero di cocco
- 2 tazze di yogurt magro

Istruzioni:
1. Mescolare in una ciotola i fichi con lo yogurt e gli altri ingredienti, dividerli in ciotoline e servire come colazione.

Cibo: calorie 223, grassi 0,5, fibre 6,1, carboidrati 52, proteine 4,5

Purea di fragole con cocco

Tempo di preparazione: 10 minuti
Tempo di cottura: 20 minuti
Pasti: 4

Materiali:
- 4 tazze di latte di cocco
- 1 tazza di farina di mais
- 1 cucchiaino di estratto di vaniglia
- 1 tazza di fragole, tagliate a metà
- ½ cucchiaino di cocco macinato

Istruzioni:
1. Mettete il latte in un pentolino, fatelo bollire a fuoco medio, aggiungete la farina di mais e gli altri ingredienti, mescolate, fate cuocere per 20 minuti e togliete dal fuoco.
2. Il porridge è diviso in piatti e servito a colazione.

Cibo: calorie 678, grassi 58,5, fibre 8,3, carboidrati 39,8, proteine 8,2

Riso cremoso e fragole

Tempo di preparazione: 10 minuti
Tempo di cottura: 20 minuti
Pasti: 4

Materiali:
- 1 tazza di riso integrale
- 2 bicchieri di latte di cocco
- 1 cucchiaio di cannella in polvere
- 1 tazza di more
- ½ tazza di crema di cocco, non zuccherata

Istruzioni:
1. Mettete il latte in un pentolino, fatelo bollire a fuoco medio, aggiungete il riso e gli altri ingredienti, fate cuocere per 20 minuti e dividete nelle ciotole.
2. Servire caldo a colazione.

Cibo: calorie 469, grassi 30,1, fibre 6,5, carboidrati 47,4, proteine 7

Riso al cocco e vaniglia

Tempo di preparazione: 10 minuti
Tempo di cottura: 20 minuti
Pasti: 6

Materiali:
- 2 bicchieri di latte di cocco
- 1 tazza di riso basmati
- 2 cucchiai di zucchero di cocco
- ¾ tazza di crema di cocco
- 1 cucchiaino di estratto di vaniglia

Istruzioni:
1. Mettete il latte in una pentola con il riso e gli altri ingredienti, mescolate, portate a bollore e fate cuocere a fuoco medio per 20 minuti.
2. Mescolare ancora una volta il composto, dividerlo in ciotole e servire a colazione.

Cibo: calorie 462, grassi 25,3, fibre 2,2, carboidrati 55,2, proteine 4,8

riso al cocco e ciliegia

Tempo di preparazione: 10 minuti
Tempo di cottura: 25 minuti
Pasti: 4

Materiali:
- 1 cucchiaio di cocco grattugiato
- 2 cucchiai di zucchero di cocco
- 1 tazza di riso bianco
- 2 bicchieri di latte di cocco
- ½ cucchiaino di estratto di vaniglia
- ¼ tazza di ciliegie, snocciolate e tagliate a metà
- spray da cucina

Istruzioni:
1. Mettete il latte in un pentolino, aggiungete lo zucchero e il cocco, mescolate e fate bollire a fuoco medio.
2. Aggiungere il riso e gli altri ingredienti, cuocere per 25 minuti mescolando spesso, dividere nelle ciotole e servire.

Cibo: calorie 505, grassi 29,5, fibre 3,4, carboidrati 55,7, proteine 6,6

mix di riso allo zenzero

Tempo di preparazione: 10 minuti
Tempo di cottura: 25 minuti
Pasti: 4

Materiali:
- 1 tazza di riso bianco
- 2 tazze di latte di mandorle
- 1 cucchiaio di zenzero grattugiato
- 3 cucchiai di zucchero di cocco
- 1 cucchiaino di cannella in polvere

Istruzioni:
1. Aggiungere il latte nella pentola, portare ad ebollizione a fuoco medio, aggiungere il riso e gli altri ingredienti, mescolare, cuocere per 25 minuti, dividere nelle ciotole e servire.

Cibo: calorie 449, grassi 29, fibre 3,4, carboidrati 44,6, proteine 6,2

Salsiccia in casseruola calda

Tempo di preparazione: 10 minuti
Tempo di cottura: 35 minuti
Pasti: 4

Materiali:
- 1 libbra di hash browns
- 4 uova sbattute
- 1 cipolla rossa, tritata
- 1 peperoncino piccante, tritato
- 1 cucchiaio di olio d'oliva
- 6 once di salsiccia a basso contenuto di sodio, tritata
- ¼ cucchiaino di pepe macinato
- un pizzico di pepe nero

Istruzioni:
1. Scaldare una padella con olio a fuoco medio, aggiungere la cipolla e la salsiccia, mescolare e far rosolare per 5 minuti.
2. Aggiungere gli ingredienti rimanenti e gli altri ingredienti tranne l'uovo e il pepe, mescolare e cuocere per altri 5 minuti.
3. Versare le uova mescolate con pepe nero sul composto di salsiccia, mettere la teglia nel forno e cuocere a 180°C per 25 minuti.
4. Distribuire il composto nei piatti e servire come colazione.

Cibo: calorie 527, grassi 31,3, fibre 3,8, carboidrati 51,2, proteine 13,3

Ciotole di riso ai funghi

Tempo di preparazione: 10 minuti
Tempo di cottura: 30 minuti
Pasti: 4

Materiali:
- 1 cipolla rossa, tritata
- 1 tazza di riso bianco
- 2 spicchi d'aglio, tritati
- 2 cucchiai di olio d'oliva
- 2 tazze di brodo di pollo a basso contenuto di sodio
- 1 cucchiaio di coriandolo, tritato
- ½ tazza di formaggio cheddar magro, grattugiato
- Mezzo chilo di funghi bianchi, affettati
- pepe indietro a piacere

Istruzioni:
1. Scaldare una padella a fuoco medio, aggiungere la cipolla, l'aglio e i funghi, mescolare e friggere per 5-6 minuti.
2. Aggiungere il riso e gli altri ingredienti, portare a ebollizione e cuocere a fuoco medio per 25 minuti, mescolando spesso.
3. Dividete il composto di riso in ciotole e servite a colazione.

Cibo: calorie 314, grassi 12,2, fibre 1,8, carboidrati 42,1, proteine 9,5

Uova di pomodoro e spinaci

Tempo di preparazione: 10 minuti
Tempo di cottura: 20 minuti
Pasti: 4

Materiali:
- ½ tazza di latte magro
- pepe nero a piacere
- 8 uova strapazzate
- 1 tazza di spinaci novelli, tritati
- 1 cipolla gialla, tritata
- 1 cucchiaio di olio d'oliva
- 1 tazza di pomodorini tritati
- ¼ di tazza di formaggio cheddar senza grassi, tritato

Istruzioni:
1. Scaldare una padella con olio a fuoco medio, aggiungere la cipolla, mescolare e soffriggere per 2-3 minuti.
2. Aggiungere gli spinaci e i pomodori, mescolare e cuocere per altri 2 minuti.
3. Aggiungete le uova mescolate con il latte e il pepe nero e mescolate delicatamente.
4. Cospargere di formaggio cheddar, mettere la teglia nel forno e cuocere a 180°C per 15 minuti.
5. Dividere nei piatti e servire.

Cibo: calorie 195, grassi 13, fibre 1,3, carboidrati 6,8, proteine 13,7

frittata al sesamo

Tempo di preparazione: 5 minuti
Tempo di cottura: 15 minuti
Pasti: 4

Materiali:
- 4 uova sbattute
- un pizzico di pepe nero
- 1 cucchiaio di olio d'oliva
- 1 cucchiaino di sesamo
- 2 teste, tritate
- 1 cucchiaino di peperone rosso dolce
- 1 cucchiaio di coriandolo, tritato

Istruzioni:
1. Scaldare una padella a fuoco medio, aggiungere i cipollotti, mescolare e soffriggere per 2 minuti.
2. Aggiungete le uova mescolate agli altri ingredienti, mescolate un po', versate la frittata nella padella e fate cuocere per 7 minuti.
3. Girare, cuocere la frittata per altri 6 minuti, dividerla nei piatti e servire.

Cibo: calorie 101, grassi 8,3, fibre 0,5, carboidrati 1,4, proteine 5,9

farina d'avena di zucca

Tempo di preparazione: 5 minuti
Tempo di cottura: 20 minuti
Pasti: 4

Materiali:
- 1 tazza di farina d'avena
- 3 tazze di latte di mandorle
- 1 cucchiaio di burro senza grassi
- 2 cucchiaini di cannella in polvere
- 1 cucchiaino di spezie per torta di zucca
- 1 tazza di zucchine, grattugiate

Istruzioni:
1. Scaldare un pentolino con il latte a fuoco medio, aggiungere i fiocchi e gli altri ingredienti, mescolare, portare ad ebollizione e cuocere per 20 minuti, mescolando di tanto in tanto.
2. Dividete la farina d'avena in ciotole e servitela a colazione.

Cibo: calorie 508, grassi 44,5, fibre 6,7, carboidrati 27,2, proteine 7,5

Ciotola con mandorle e cocco

Tempo di preparazione: 5 minuti
Tempo di cottura: 20 minuti
Pasti: 4

Materiali:
- 2 bicchieri di latte di cocco
- 1 tazza di cocco grattugiato
- ½ tazza di sciroppo d'acero
- 1 tazza di uvetta
- 1 tazza di mandorle
- ½ cucchiaino di estratto di vaniglia

Istruzioni:
1. Mettete il latte in un pentolino, fatelo bollire a fuoco medio, aggiungete il cocco e gli altri ingredienti e fate cuocere per 20 minuti, mescolando di tanto in tanto.
2. Dividete il composto nelle ciotole e servite caldo a colazione.

Cibo: calorie 697, grassi 47,4, fibre 8,8, carboidrati 70, proteine 9,6

Insalata tiepida di ceci

Tempo di preparazione: 5 minuti
Tempo di cottura: 15 minuti
Pasti: 4

Materiali:
- 2 spicchi d'aglio, tritati
- 2 pomodori, tagliati grossolanamente
- 1 cetriolo, tritato grossolanamente
- 2 scalogni, tritati
- 2 tazze di ceci in scatola, senza aggiunta di sale, scolati
- 1 cucchiaio di prezzemolo tritato
- 1/3 tazza di menta, tritata
- 1 avocado, senza semi, sbucciato e tritato
- 2 cucchiai di olio d'oliva
- Succo di 1 lime
- pepe nero a piacere

Istruzioni:
1. Scaldare una padella con olio a fuoco medio, aggiungere l'aglio e lo scalogno, mescolare e cuocere per 2 minuti.
2. Aggiungere i ceci e gli altri ingredienti, mescolare, cuocere per altri 13 minuti, dividere in ciotole e servire a colazione.

Cibo: calorie 561, grassi 23,1, fibre 22,4, carboidrati 73,1, proteine 21,8

Budino Al Miglio E Cacao

Tempo di preparazione: 10 minuti
Tempo di cottura: 30 minuti
Pasti: 4

Materiali:
- 14 once di latte di cocco
- 1 bicchiere di miglio
- 1 cucchiaio di cacao in polvere
- ½ cucchiaino di estratto di vaniglia

Istruzioni:
1. Mettete il latte in un pentolino, fate bollire a fuoco medio, aggiungete il miglio e gli altri ingredienti e fate cuocere per 30 minuti, mescolando spesso.
2. Dividere in ciotole e servire come colazione.

Cibo: calorie 422, grassi 25,9, fibre 6,8, carboidrati 42,7, proteine 8

budino di chia

Tempo di preparazione: 15 minuti
Tempo di cottura: 0 minuti
Pasti: 4

Materiali:
- 2 tazze di latte di mandorle
- ½ tazza di semi di chia
- 2 cucchiai di zucchero di cocco
- ½ scorza di limone
- 1 cucchiaino di estratto di vaniglia
- ½ cucchiaino di zenzero in polvere

Istruzioni:
1. Mescolare i semi di chia con il latte e gli altri ingredienti in una ciotola, mescolare e lasciare riposare per 15 minuti prima di servire.

Cibo: calorie 366, grassi 30,8, fibre 5,5, carboidrati 20,8, proteine 4,6

budino di tapioca

Tempo di preparazione: 2 ore
Tempo di cottura: 0 minuti
Pasti: 4

Materiali:
- ½ tazza di perle di tapioca
- 2 tazze di latte di cocco caldo
- 4 cucchiaini di zucchero di cocco
- ½ cucchiaino di cannella in polvere

Istruzioni:
1. In una ciotola, unisci la tapioca con il latte caldo e gli altri ingredienti, mescola e lascia riposare per 2 ore prima di servire.
2. Dividere in piccole ciotole e servire come colazione.

Cibo: calorie 439, grassi 28,6, fibre 2,8, carboidrati 42,5, proteine 3,8

Cheddar Hash

Tempo di preparazione: 10 minuti
Tempo di cottura: 25 minuti
Pasti: 4

Materiali:
- 1 libbra di hash browns
- 1 cucchiaio di olio di avocado
- 1/3 tazza di crema di cocco
- 1 cipolla gialla, tritata
- 1 tazza di formaggio cheddar magro, grattugiato
- pepe nero a piacere
- 4 uova sbattute

Istruzioni:
1. Scaldare una padella con olio a fuoco medio, aggiungere la pasta fritta e la cipolla e far rosolare, mescolando, per 5 minuti.
2. Aggiungere gli altri ingredienti tranne il formaggio, mescolare e cuocere per altri 5 minuti.
3. Cospargere il formaggio sopra, mettere la teglia nel forno e cuocere a 390 gradi F per 15 minuti.
4. Dividere il composto nei piatti e servire come colazione.

Cibo: calorie 539, grassi 33,2, fibre 4,8, carboidrati 44,4, proteine 16,8

insalata di piselli

Tempo di preparazione: 10 minuti
Tempo di cottura: 20 minuti
Pasti: 4

Materiali:
- 3 spicchi d'aglio, tritati
- 1 cipolla gialla, tritata
- 1 cucchiaio di olio d'oliva
- 1 carota, tritata
- 1 cucchiaio di aceto balsamico
- 2 tazze di taccole, dimezzate
- ½ tazza di brodo vegetale, senza sale aggiunto
- 2 cucchiai di cipolla tritata
- 1 cucchiaio di coriandolo, tritato

Istruzioni:
1. Scaldare una padella a fuoco medio, aggiungere la cipolla e l'aglio, mescolare e cuocere per 5 minuti.
2. Aggiungere la neve e gli altri ingredienti, mescolare e cuocere a fuoco medio per 15 minuti.
3. Dividete il composto nelle ciotole e servite caldo a colazione.

Cibo: calorie 89, grassi 4,2, fibre 3,3, carboidrati 11,2, proteine 3,3

Mix di quinoa e ceci

Tempo di preparazione: 10 minuti
Tempo di cottura: 20 minuti
Pasti: 6

Materiali:
- 1 cipolla rossa, tritata
- 1 cucchiaio di olio d'oliva
- 15 once di ceci in scatola, senza sale aggiunto e scolati
- 14 once di latte di cocco
- ¼ tazza di quinoa
- 1 cucchiaio di zenzero grattugiato
- 2 spicchi d'aglio, tritati
- 1 cucchiaio di curcuma in polvere
- 1 cucchiaio di coriandolo, tritato

Istruzioni:
1. Scaldare una padella con olio a fuoco medio, aggiungere la cipolla, mescolare e soffriggere per 5 minuti.
2. Aggiungere i ceci, la quinoa e gli altri ingredienti, mescolare, portare a ebollizione e cuocere per 15 minuti.
3. Dividete il composto in ciotole e servite come colazione.

Cibo: calorie 472, grassi 23, fibre 15,1, carboidrati 54,6, proteine 16,6

insalata di olive e peperoni

Tempo di preparazione: 5 minuti
Tempo di cottura: 15 minuti
Pasti: 4

Materiali:
- 1 tazza di olive nere, snocciolate e tagliate a metà
- ½ tazza di olive verdi, snocciolate e tagliate a metà
- 1 cucchiaio di olio d'oliva
- 2 teste, tritate
- 1 peperone rosso, tagliato a strisce
- 1 peperone verde, tagliato a strisce
- Buccia di 1 lime, grattugiata
- Succo di 1 lime
- 1 mazzetto di prezzemolo tritato
- 1 pomodoro, tritato

Istruzioni:
1. Scaldare una padella a fuoco medio, aggiungere i cipollotti, mescolare e soffriggere per 2 minuti.
2. Aggiungere le olive, il peperoncino e gli altri ingredienti, mescolare e cuocere per altri 13 minuti.
3. Dividere in ciotole e servire come colazione.

Cibo: calorie 192, grassi 6,7, fibre 3,3, carboidrati 9,3, proteine 3,5

Miscela di fagiolini e uova

Tempo di preparazione: 10 minuti
Tempo di cottura: 15 minuti
Pasti: 4

Materiali:
- 1 spicchio d'aglio, tritato
- 1 cipolla rossa, tritata
- 1 cucchiaio di olio di avocado
- 1 libbra di fagiolini, tagliati e tagliati a metà
- 8 uova strapazzate
- 1 cucchiaio di coriandolo, tritato
- un pizzico di pepe nero

Istruzioni:
1. Scaldare una padella a fuoco medio, aggiungere la cipolla e l'aglio e soffriggere per 2 minuti.
2. Aggiungere i fagiolini e cuocere per altri 2 minuti.
3. Aggiungere l'uovo, il pepe nero e il coriandolo, mescolare, distribuire nella padella e cuocere per 10 minuti.
4. Dividere il composto nei piatti e servire.

Cibo: calorie 260, grassi 12,1, fibre 4,7, carboidrati 19,4, proteine 3,6

insalata di carote e uova

Tempo di preparazione: 10 minuti
Tempo di cottura: 0 minuti
Pasti: 4

Materiali:
- 2 carote, tritate
- 2 cipolle verdi, tritate
- 1 mazzetto di prezzemolo tritato
- 2 cucchiai di olio d'oliva
- 4 uova, sode, sbucciate e tritate
- 1 cucchiaio di aceto balsamico
- 1 cucchiaio di coriandolo, tritato
- un pizzico di pepe nero

Istruzioni:
1. Mescolare le carote con le uova e gli altri ingredienti in una ciotola e servire come colazione.

Cibo: calorie 251, grassi 9,6, fibre 4,1, carboidrati 15,2, proteine 3,5

fragola cremosa

Tempo di preparazione: 5 minuti
Tempo di cottura: 15 minuti
Pasti: 4

Materiali:
- 3 cucchiai di zucchero di cocco
- 1 tazza di crema al cocco
- 1 tazza di mirtilli
- 1 tazza di more
- 1 tazza di fragole
- 1 cucchiaino di estratto di vaniglia

Istruzioni:
1. Mettere la panna in un pentolino, scaldare a fuoco medio, aggiungere lo zucchero e gli altri ingredienti, mescolare, cuocere per 15 minuti, dividere in ciotole e servire a colazione.

Cibo: calorie 460, grassi 16,7, fibre 6,5, carboidrati 40,3, proteine 5,7

Ciotole con mele e uvetta

Tempo di preparazione: 5 minuti
Tempo di cottura: 15 minuti
Pasti: 4

Materiali:
- 1 tazza di mirtilli
- 1 cucchiaino di cannella in polvere
- 1 tazza e ½ di latte di mandorle
- ¼ di tazza di uvetta
- 2 mele, sbucciate e tritate
- 1 tazza di crema al cocco

Istruzioni:
1. Aggiungere il latte nella pentola, portare ad ebollizione a fuoco medio, aggiungere le fragole e gli altri ingredienti, mescolare, cuocere per 15 minuti, dividere in ciotole e servire a colazione.

Cibo: calorie 482, grassi 7,8, fibre 5,6, carboidrati 15,9, proteine 4,9

porridge di grano saraceno con zenzero

Tempo di preparazione: 10 minuti
Tempo di cottura: 25 minuti
Pasti: 4

Materiali:
- 1 tazza di grano saraceno
- 3 bicchieri di latte di cocco
- ½ cucchiaino di estratto di vaniglia
- 1 cucchiaio di zucchero di cocco
- 1 cucchiaino di zenzero in polvere
- 1 cucchiaino di cannella in polvere

Istruzioni:
1. Mettere in un pentolino il latte e lo zucchero, far bollire a fuoco medio, aggiungere il grano saraceno e gli altri ingredienti, cuocere per 25 minuti mescolando spesso, dividere in ciotole e servire come colazione.

Cibo: calorie 482, grassi 14,9, fibre 4,5, carboidrati 56,3, proteine 7,5

insalata di cavolfiori e peperoni

Tempo di preparazione: 10 minuti
Tempo di cottura: 20 minuti
Pasti: 4

Materiali:
- Cimette di cavolfiore da 1 libbra
- 1 cucchiaio di olio d'oliva
- 2 cipolline, tritate
- 1 peperone rosso, tagliato a fette
- 1 peperone giallo, tagliato a fette
- 1 peperone verde, tagliato a fette
- 1 cucchiaio di coriandolo, tritato
- un pizzico di pepe nero

Istruzioni:
1. Scaldare una padella a fuoco medio, aggiungere i cipollotti, mescolare e soffriggere per 2 minuti.
2. Aggiungere il cavolfiore e gli altri ingredienti, mescolare, cuocere per 16 minuti, dividere in ciotole e servire a colazione.

Cibo: calorie 271, grassi 11,2, fibre 3,4, carboidrati 11,5, proteine 4

Pollo e patate fritte

Tempo di preparazione: 10 minuti
Tempo di cottura: 25 minuti
Pasti: 4

Materiali:
- 2 cucchiai di olio d'oliva
- 1 cipolla gialla, tritata
- 2 spicchi d'aglio, tritati
- 1 cucchiaino di condimento Cajun
- 8 once di petto di pollo macinato, senza pelle e disossato
- ½ libbra di patate fritte
- 2 cucchiai di base per zuppa di verdure non salata
- 1 peperone verde, tritato

Istruzioni:
1. Scaldare una padella a fuoco medio, aggiungere la cipolla, l'aglio e la carne e friggere per 5 minuti.
2. Aggiungete il resto e gli altri ingredienti, mescolate e fate cuocere a fuoco medio per 20 minuti, mescolando spesso.
3. Dividere nei piatti e servire a colazione.

Cibo: calorie 362, grassi 14,3, fibre 6,3, carboidrati 25,6, proteine 6,1

Ricette Dash per il pranzo dietetico

Burrito di fagioli neri

Tempo di preparazione: 5 minuti
Tempo di cottura: 12 minuti
Pasti: 4

Materiali:
- 1 tazza di fagioli neri in scatola, senza aggiunta di sale, scolati e sciacquati
- 1 peperone verde, tritato
- 1 carota, sbucciata e grattugiata
- 1 cucchiaio di olio d'oliva
- 1 cipolla rossa, affettata
- ½ tazza di mais
- 1 tazza di cheddar magro, grattugiato
- 6 pane integrale
- 1 tazza di yogurt magro

Istruzioni:
1. Scaldare una padella con olio a fuoco medio, aggiungere la cipolla e farla soffriggere per 2 minuti.
2. Aggiungere fagioli, carote, peperoni e mais, mescolare e cuocere per altri 10 minuti.
3. Disporre le tortillas sul bancone, spalmare su ciascuna il composto di fagioli, spalmare il formaggio e lo yogurt, arrotolare e servire per il pranzo.

Cibo: calorie 451, grassi 7,5, fibre 13,8, carboidrati 78,2, proteine 20,9

Mix di pollo e mango

Tempo di preparazione: 10 minuti
Tempo di cottura: 20 minuti
Pasti: 4

Materiali:
- 2 petti di pollo, senza pelle, disossati e tagliati a dadini
- ¼ di tazza di brodo di pollo a basso contenuto di sodio
- ½ tazza di sedano, tritato
- 1 tazza di spinaci novelli
- 1 mango, sbucciato e tritato
- 2 cipolline, tritate
- 1 cucchiaio di olio d'oliva
- 1 cucchiaino di timo secco
- ¼ cucchiaino di aglio in polvere
- un pizzico di pepe nero

Istruzioni:
1. Scaldare una padella con olio a fuoco medio, aggiungere le cipolline e il pollo e friggere per 5 minuti.
2. Aggiungete gli altri ingredienti tranne il sedano e gli spinaci, mescolate e fate cuocere per altri 12 minuti.
3. Aggiungete gli spinaci, mescolate, fate cuocere per 2-3 minuti, distribuite il tutto nei piatti e servite.

Cibo: calorie 221, grassi 9,1, fibre 2, carboidrati 14,1, proteine 21,5

torta di ceci

Tempo di preparazione: 10 minuti
Tempo di cottura: 10 minuti
Pasti: 4

Materiali:
- 2 spicchi d'aglio, tritati
- 15 once di ceci in scatola, senza aggiunta di sale, scolati e lavati
- 1 cucchiaino di peperoncino
- 1 cucchiaino di cumino, macinato
- 1 uovo
- 1 cucchiaio di olio d'oliva
- 1 cucchiaio di succo di limone
- 1 cucchiaio di scorza di limone grattugiata
- 1 cucchiaio di coriandolo, tritato

Istruzioni:
1. In un frullatore, mescolare i ceci con gli altri ingredienti tranne l'aglio e le uova e schiacciare bene.
2. Prepara torte di medie dimensioni con questa miscela.
3. Scaldate una padella con l'olio a fuoco medio, aggiungete le tortine di ceci, fatele cuocere 5 minuti per lato, distribuite nei piatti e servite a pranzo con un contorno di insalata.

Cibo: calorie 441, grassi 11,3, fibre 19, carboidrati 66,4, proteine 22,2

Ciotole di salsa e cavolfiore

Tempo di preparazione: 10 minuti
Tempo di cottura: 10 minuti
Pasti: 4

Materiali:
- 1 cucchiaio di olio di avocado
- 1 tazza di peperoncino rosso tritato
- Cimette di cavolfiore da 1 libbra
- 1 cipolla rossa, tritata
- 3 cucchiai di concentrato di pomodoro
- 2 cucchiai di formaggio cheddar magro grattugiato
- 2 cucchiai di crema di cocco

Istruzioni:
1. Scaldare una padella con olio a fuoco medio, aggiungere cipolla e pepe e friggere per 2 minuti.
2. Aggiungere il cavolfiore e gli altri ingredienti, mescolare, cuocere per altri 8 minuti, dividere nelle ciotole e servire.

Cibo: calorie 114, grassi 5,5, fibre 4,3, carboidrati 12,7, proteine 6,7

Insalata di salmone e spinaci

Tempo di preparazione: 5 minuti
Tempo di cottura: 0 minuti
Pasti: 4

Materiali:
- 1 tazza di salmone in scatola, scolato e in scaglie
- 1 cucchiaio di scorza di limone grattugiata
- 1 cucchiaio di succo di limone
- 3 cucchiai di yogurt magro
- 1 tazza di spinaci novelli
- 1 cucchiaino di capperi, scolati e tritati
- 1 cipolla rossa, tritata
- un pizzico di pepe nero
- 1 cucchiaio di coriandolo, tritato

Istruzioni:
1. Condisci il salmone con la scorza di limone, il succo di limone e gli altri ingredienti in una ciotola, mescola e servi freddo per pranzo.

Cibo: calorie 61, grassi 1,9, fibre 1, carboidrati 5, proteine 6,8

Mix di pollo e cavolo

Tempo di preparazione: 10 minuti
Tempo di cottura: 20 minuti
Pasti: 4

Materiali:
- 1 cucchiaio di olio d'oliva
- Petto di pollo senza pelle, disossato e tagliato a dadini da 1 libbra
- ½ libbra di cavolo riccio, tritato
- 2 pomodorini, tagliati a metà
- 1 cipolla gialla, tritata
- ½ tazza di brodo di pollo a basso contenuto di sodio
- ¼ tazza di mozzarella magra, grattugiata

Istruzioni:
1. Scaldare una padella a fuoco medio, aggiungere il pollo e la cipolla e friggere per 5 minuti.
2. Aggiungete la verza e gli altri ingredienti tranne la mozzarella, mescolate e fate cuocere per altri 12 minuti.
3. Cospargere il formaggio, cuocere il composto per 2-3 minuti, dividerlo nei piatti e servire a pranzo.

Cibo: calorie 231, grassi 6,5, fibre 2,7, carboidrati 11,4, proteine 30,9

Insalata di salmone e rucola

Tempo di preparazione: 10 minuti
Tempo di cottura: 0 minuti
Pasti: 4

Materiali:
- 6 once di salmone in scatola, scolato e tritato
- 1 cucchiaio di aceto balsamico
- 1 cucchiaio di olio d'oliva
- 2 scalogni, tritati
- ½ tazza di olive nere, snocciolate e tagliate a metà
- 2 tazze di rucola giovane
- un pizzico di pepe nero

Istruzioni:
1. Mescolare il salmone con lo scalogno e gli altri ingredienti in una ciotola, mescolare e conservare in frigorifero per 10 minuti prima di servire a pranzo.

Cibo: calorie 113, grassi 8, fibre 0,7, carboidrati 2,3, proteine 8,8

Insalata di gamberetti e verdure

Tempo di preparazione: 5 minuti
Tempo di cottura: 10 minuti
Pasti: 4

Materiali:
- 1 cucchiaio di olio d'oliva
- 1 libbra di gamberi, sbucciati e privati dei peli
- 1 cucchiaio di pesto di basilico
- 1 tazza di rucola giovane
- 1 cipolla gialla, tritata
- 1 cetriolo, tagliato a fette
- 1 tazza di carote, grattugiate
- 1 cucchiaio di coriandolo, tritato

Istruzioni:
1. Scaldare una padella a fuoco medio, aggiungere le cipolle e le carote, mescolare e friggere per 3 minuti.
2. Aggiungere i gamberi e gli altri ingredienti, mescolare, cuocere per altri 7 minuti, dividere nelle ciotole e servire.

Cibo: calorie 200, grassi 5,6, fibre 1,8, carboidrati 9,9, proteine 27

Wrap di tacchino e peperoni

Tempo di preparazione: 10 minuti
Tempo di cottura: 3 minuti
Pasti: 2

Materiali:
- 2 pane integrale
- 2 cucchiaini di senape
- 2 cucchiaini di maionese
- 1 petto di tacchino senza pelle e disossato, tagliato a listarelle
- 1 cucchiaio di olio d'oliva
- 1 cipolla rossa, tritata
- 1 peperone rosso, tagliato a strisce
- 1 peperone verde, tagliato a strisce
- ¼ tazza di mozzarella magra, grattugiata

Istruzioni:
1. Scaldare una padella con olio a fuoco medio, aggiungere la carne e la cipolla e far rosolare per 5 minuti.
2. Aggiungere il peperoncino, mescolare e cuocere per altri 10 minuti.
3. Disporre le tortillas sul bancone, dividere in ciascuna la carne di tacchino, dividere la maionese, la senape e il formaggio, avvolgerle e servire a pranzo.

Cibo: calorie 342, grassi 11,6, fibre 7,7, carboidrati 39,5, proteine 21,9

zuppa di fagiolini

Tempo di preparazione: 5 minuti
Tempo di cottura: 25 minuti
Pasti: 4

Materiali:
- 2 cucchiaini di olio d'oliva
- 2 spicchi d'aglio, tritati
- 1 libbra di fagiolini, tagliati e tagliati a metà
- 1 cipolla gialla, tritata
- 2 pomodori tagliati
- 1 cucchiaino di peperone rosso dolce
- 1 litro di brodo di pollo a basso contenuto di sodio
- 2 cucchiai di prezzemolo tritato

Istruzioni:
1. Scaldare una padella con olio a fuoco medio-alto, aggiungere l'aglio e la cipolla, mescolare e soffriggere per 5 minuti.
2. Aggiungere gli altri ingredienti tranne i fagiolini e il prezzemolo, mescolare, portare a ebollizione e cuocere per 20 minuti.
3. Aggiungete il prezzemolo, mescolate, dividete la zuppa nelle ciotole e servite.

Cibo: calorie 87, grassi 2,7, fibre 5,5, carboidrati 14, proteine 4,1

Insalata di avocado, spinaci e olive

Tempo di preparazione: 5 minuti
Tempo di cottura: 0 minuti
Pasti: 4

Materiali:
- 2 cucchiai di aceto balsamico
- 2 cucchiai di menta tritata
- un pizzico di pepe nero
- 1 avocado, sbucciato, senza semi e affettato
- 4 tazze di spinaci novelli
- 1 tazza di olive nere, snocciolate e tagliate a metà
- 1 cetriolo, tagliato a fette
- 1 cucchiaio di olio d'oliva

Istruzioni:
1. Mescolare l'avocado con gli spinaci e gli altri ingredienti in un'insalatiera e servire a pranzo.

Cibo: calorie 192, grassi 17,1, fibre 5,7, carboidrati 10,6, proteine 2,7

Casseruola Di Manzo E Zucchine

Tempo di preparazione: 5 minuti
Tempo di cottura: 20 minuti
Pasti: 4

Materiali:
- 1 libbra di carne macinata
- ½ tazza di cipolla gialla, tritata
- 1 cucchiaio di olio d'oliva
- 1 tazza di zucchine, tritate
- 2 spicchi d'aglio, tritati
- 14 once di pomodori a dadini in scatola senza sale aggiunto
- 1 cucchiaino di condimento italiano
- ¼ tazza di parmigiano magro, grattugiato
- 1 cucchiaio di coriandolo, tritato
- 1 cucchiaio di coriandolo, tritato

Istruzioni:
1. Scaldare una padella a fuoco medio, aggiungere l'aglio, la cipolla e la carne e friggere per 5 minuti.
2. Aggiungere gli ingredienti rimanenti, mescolare, cuocere per altri 15 minuti, dividere nelle ciotole e servire per il pranzo.

Cibo: calorie 276, grassi 11,3, fibre 1,9, carboidrati 6,8, proteine 36

Miscela di patate con manzo e timo

Tempo di preparazione: 10 minuti
Tempo di cottura: 25 minuti
Pasti: 4

Materiali:
- ½ libbra di carne macinata
- 3 cucchiai di olio d'oliva
- 1 e ¾ libbre di patate rosse, sbucciate e tagliate grossolanamente
- 1 cipolla gialla, tritata
- 2 cucchiaini di timo secco
- 1 tazza di pomodori in scatola, senza sale aggiunto e tritati
- un pizzico di pepe nero

Istruzioni:
1. Scaldare una padella con olio a fuoco medio, aggiungere la cipolla e la carne di manzo, mescolare e soffriggere per 5 minuti.
2. Aggiungere le patate e gli altri ingredienti, mescolare, portare a ebollizione, cuocere per altri 20 minuti, dividere in ciotole e servire a pranzo.

Cibo: calorie 216, grassi 14,5, fibre 5,2, carboidrati 40,7, proteine 22,2

Zuppa di maiale e carote

Tempo di preparazione: 10 minuti
Tempo di cottura: 25 minuti
Pasti: 4

Materiali:
- 1 cucchiaio di olio d'oliva
- 1 cipolla rossa, tritata
- 1 libbra di stufato di maiale, tagliato a dadini
- 1 litro di brodo a basso contenuto di sodio
- 1 libbra di carote, affettate
- 1 tazza di passata di pomodoro
- 1 cucchiaio di coriandolo, tritato

Istruzioni:
1. Scaldare una padella con olio a fuoco medio-alto, aggiungere la cipolla e la carne e far rosolare per 5 minuti.
2. Aggiungere gli altri ingredienti tranne il coriandolo, portare a ebollizione, abbassare la fiamma a una temperatura media e cuocere a fuoco lento per 20 minuti.
3. Dividere in ciotole e servire a pranzo, spolverando con coriandolo.

Cibo: calorie 354, grassi 14,6, fibre 4,6, carboidrati 19,3, proteine 36

Insalata di gamberi e fragole

Tempo di preparazione: 5 minuti
Tempo di cottura: 7 minuti
Pasti: 4

Materiali:
- 1 tazza di mais
- 1 indivia, grattugiata
- 1 tazza di spinaci novelli
- 1 libbra di gamberi, sbucciati e privati dei peli
- 2 spicchi d'aglio, tritati
- 1 cucchiaio di succo di limone
- 2 tazze di fragole, tagliate a metà
- 2 cucchiai di olio d'oliva
- 2 cucchiai di aceto balsamico
- 1 cucchiaio di coriandolo, tritato

Istruzioni:
1. Scaldare una padella con olio a fuoco medio, aggiungere l'aglio e soffriggere per 1 minuto. Aggiungere i gamberi e il succo di limone, mescolare e cuocere per 3 minuti su ciascun lato.
2. Mescolare i gamberi con mais, indivia e altri ingredienti in un'insalatiera e servire a pranzo.

Cibo: calorie 260, grassi 9,7, fibre 2,9, carboidrati 16,5, proteine 28

Insalata di gamberetti e fagiolini

Tempo di preparazione: 5 minuti
Tempo di cottura: 10 minuti
Pasti: 4

Materiali:
- 1 libbra di fagiolini, tagliati e tagliati a metà
- 2 cucchiai di olio d'oliva
- 2 libbre di gamberetti, sbucciati e privati dei peli
- 1 cucchiaio di succo di limone
- 2 tazze di pomodorini, tagliati a metà
- ¼ di tazza di aceto di lamponi
- un pizzico di pepe nero

Istruzioni:
1. Scaldare una padella con olio a fuoco medio, aggiungere i gamberi, mescolare e cuocere per 2 minuti.
2. Aggiungere i fagiolini e gli altri ingredienti, mescolare, cuocere per altri 8 minuti, dividere nelle ciotole e servire per il pranzo.

Cibo: calorie 385, grassi 11,2, fibre 5, carboidrati 15,3, proteine 54,5

tacos di pesce

Tempo di preparazione: 10 minuti
Tempo di cottura: 10 minuti
Pasti: 2

Materiali:
- 4 gusci di tacos integrali
- 1 cucchiaio di maionese leggera
- 1 cucchiaio di salsa
- 1 cucchiaio di mozzarella magra, tritata
- 1 cucchiaio di olio d'oliva
- 1 cipolla rossa, tritata
- 1 cucchiaio di coriandolo, tritato
- 2 filetti di merluzzo, disossati, senza pelle e tritati
- 1 cucchiaio di passata di pomodoro

Istruzioni:
1. Scaldare una padella con olio a fuoco medio, aggiungere la cipolla, mescolare e cuocere per 2 minuti.
2. Aggiungete il pesce e la passata di pomodoro, mescolate delicatamente e fate cuocere per altri 5 minuti.
3. Mettilo in un guscio di taco, dividi la maionese, la salsa e il formaggio e servi a pranzo.

Cibo: calorie 466, grassi 14,5, fibre 8, carboidrati 56,6, proteine 32,9

torta alla zucca

Tempo di preparazione: 10 minuti
Tempo di cottura: 10 minuti
Pasti: 4

Materiali:
- 1 cipolla gialla, tritata
- 2 zucchine, grattugiate
- 2 cucchiai di farina di mandorle
- 1 uovo sbattuto
- 1 spicchio d'aglio, tritato
- un pizzico di pepe nero
- 1/3 di tazza di carote, grattugiate
- 1/3 di tazza di formaggio cheddar magro, tritato
- 1 cucchiaio di coriandolo, tritato
- 1 cucchiaino di scorza di limone grattugiata
- 2 cucchiai di olio d'oliva

Istruzioni:
1. In una ciotola, mescolare bene le zucchine con gli altri ingredienti tranne l'aglio, la cipolla e l'olio e formare con questo composto dei muffin di media grandezza.
2. Scaldate una padella con l'olio a fuoco medio, aggiungete le tortine di zucchine, fatele cuocere 5 minuti per lato, distribuite nei piatti e servite con l'insalata.

Cibo: calorie 271, grassi 8,7, fibre 4, carboidrati 14,3, proteine 4,6

Casseruola di ceci e pomodorini

Tempo di preparazione: 10 minuti
Tempo di cottura: 20 minuti
Pasti: 4

Materiali:
- 1 cucchiaio di olio d'oliva
- 1 cipolla gialla, tritata
- 2 cucchiaini di pepe macinato
- 14 once di ceci in scatola, senza aggiunta di sale, scolati e lavati
- 14 once di pomodori in scatola, senza sale aggiunto, tritati
- 1 tazza di brodo di pollo a basso contenuto di sodio
- 1 cucchiaio di coriandolo, tritato
- un pizzico di pepe nero

Istruzioni:
1. Scaldare una pentola con olio a fuoco medio-alto, aggiungere la cipolla e il peperoncino, mescolare e cuocere per 5 minuti.
2. Aggiungere i ceci e gli altri ingredienti, mescolare, cuocere a fuoco medio per 15 minuti, dividere in ciotole e servire a pranzo.

Cibo: calorie 299, grassi 13,2, fibre 4,7, carboidrati 17,2, proteine 8,1

Insalata di pollo, pomodori e spinaci

Tempo di preparazione: 10 minuti
Tempo di cottura: 0 minuti
Pasti: 4

Materiali:
- 1 cucchiaio di olio d'oliva
- un pizzico di pepe nero
- 2 polli alla griglia, senza pelle, disossati, affettati
- 1 libbra di pomodorini, tagliati a metà
- 1 cipolla rossa, tritata
- 4 tazze di spinaci novelli
- ¼ di tazza di noci tritate
- ½ cucchiaino di scorza di limone grattugiata
- 2 cucchiai di succo di limone

Istruzioni:
1. Mescolare il pollo con i pomodori e gli altri ingredienti in un'insalatiera e servire a pranzo.

Cibo: calorie 349, grassi 8,3, fibre 5,6, carboidrati 16,9, proteine 22,8

Ciotole di asparagi e peperoni

Tempo di preparazione: 10 minuti
Tempo di cottura: 20 minuti
Pasti: 4

Materiali:
- 3 spicchi d'aglio, tritati
- 2 cucchiai di olio d'oliva
- 1 cipolla rossa, tritata
- 3 carote, affettate
- ½ tazza di brodo di pollo a basso contenuto di sodio
- 2 tazze di spinaci novelli
- 1 libbra di asparagi, tagliati e tagliati a metà
- 1 peperone rosso, tagliato a strisce
- 1 peperone giallo, tagliato a listarelle
- 1 peperone verde, tagliato a strisce
- un pizzico di pepe nero

Istruzioni:
1. Scaldare una padella a fuoco medio, aggiungere la cipolla e l'aglio, mescolare e soffriggere per 2 minuti.
2. Aggiungere gli altri ingredienti tranne gli asparagi e gli spinaci, mescolare e cuocere per 15 minuti.
3. Aggiungete gli spinaci, fate cuocere il tutto per altri 3 minuti, distribuite nelle ciotole e servite per il pranzo.

Cibo: calorie 221, grassi 11,2, fibre 3,4, carboidrati 14,3, proteine 5,9

stufato di manzo caldo

Tempo di preparazione: 10 minuti
Tempo di cottura: 1 ora e 20 minuti

Pasti: 4

Materiali:
- 1 libbra di stufato di manzo, tritato
- 1 tazza di salsa di pomodoro senza sale aggiunto
- 1 tazza di brodo a basso contenuto di sodio
- 1 cucchiaio di olio d'oliva
- 1 cipolla gialla, tritata
- ¼ cucchiaino di salsa piccante
- 1 cucchiaino di cipolla in polvere
- 1 cucchiaino di aglio in polvere
- 1 cucchiaio di coriandolo, tritato

Istruzioni:
1. Scaldare una padella con olio a fuoco medio, aggiungere la carne e la cipolla, mescolare e soffriggere per 5 minuti.
2. Aggiungere la salsa di pomodoro e gli altri ingredienti, portare ad ebollizione e cuocere a fuoco medio per 1 ora e 15 minuti.
3. Dividere in ciotole e servire per il pranzo.

Cibo: calorie 487, grassi 15,3, fibre 5,8, carboidrati 56,3, proteine 15

Costolette di maiale con funghi

Tempo di preparazione: 5 minuti
Tempo di cottura: 8 ore e 10 minuti

Pasti: 4

Materiali:
- 4 braciole di maiale
- 1 cucchiaio di olio d'oliva
- 2 scalogni, tritati
- 1 libbra di funghi bianchi, affettati
- ½ tazza di brodo a basso contenuto di sodio
- 1 cucchiaio di rosmarino tritato
- ¼ cucchiaino di aglio in polvere
- 1 cucchiaino di peperone rosso dolce

Istruzioni:
1. Scaldare una padella a fuoco medio-alto, aggiungere le braciole di maiale e lo scalogno, mescolare, friggere per 10 minuti e trasferire nella pentola a cottura lenta.
2. Aggiungere gli altri ingredienti, coprire e cuocere a fuoco basso per 8 ore.
3. Dividete le braciole di maiale e i funghi nei piatti e serviteli per il pranzo.

Cibo: calorie 349, grassi 24, fibre 5,6, carboidrati 46,3, proteine 17,5

Insalata di gamberetti al coriandolo

Tempo di preparazione: 10 minuti
Tempo di cottura: 8 minuti
Pasti: 4

Materiali:
- 1 cucchiaio di olio d'oliva
- 1 cipolla rossa, affettata
- 1 libbra di gamberi, sbucciati e privati dei peli
- 2 tazze di rucola giovane
- 1 cucchiaio di aceto balsamico
- 1 cucchiaio di succo di limone
- 1 cucchiaio di coriandolo tritato
- un pizzico di pepe nero

Istruzioni:
1. Scaldare una padella con olio a fuoco medio, aggiungere la cipolla, mescolare e soffriggere per 2 minuti.
2. Aggiungere i gamberi e gli altri ingredienti, mescolare, cuocere per 6 minuti, dividere nelle ciotole e servire per il pranzo.

Cibo: calorie 341, grassi 11,5, fibre 3,8, carboidrati 17,3, proteine 14,3

casseruola di melanzane

Tempo di preparazione: 5 minuti
Tempo di cottura: 20 minuti
Pasti: 4

Materiali:
- 1 libbra di melanzane, tritate grossolanamente
- 2 spicchi d'aglio, tritati
- 2 cucchiai di olio d'oliva
- 1 cipolla gialla, tritata
- 1 cucchiaino di peperone rosso dolce
- ½ tazza di coriandolo, tritato
- 14 once di pomodori a dadini in scatola a basso contenuto di sodio
- 1 cucchiaio di coriandolo, tritato

Istruzioni:
1. Scaldare una padella a fuoco medio-alto, aggiungere la cipolla e l'aglio e soffriggere per 2 minuti.
2. Aggiungere gli altri ingredienti tranne melanzane e coriandolo, portare ad ebollizione e cuocere per 18 minuti.
3. Dividere nelle ciotole e servire spolverando sopra il prezzemolo.

Cibo: calorie 343, grassi 12,3, fibre 3,7, carboidrati 16,56, proteine 7,2

Miscela di manzo e piselli

Tempo di preparazione: 10 minuti
Tempo di cottura: 30 minuti
Pasti: 4

Materiali:
- 1 tazza e ¼ di brodo a basso contenuto di sodio
- 1 cipolla gialla, tritata
- 1 cucchiaio di olio d'oliva
- 2 tazze di piselli
- 1 libbra di stufato di manzo, tritato
- 1 tazza di pomodori in scatola, senza sale aggiunto e tritati
- 1 tazza di cipolla, tritata
- ¼ di tazza di prezzemolo tritato
- pepe nero a piacere

Istruzioni:
1. Scaldare una padella con olio a fuoco medio-alto, aggiungere la cipolla e la carne e far rosolare per 5 minuti.
2. Aggiungere i piselli e gli altri ingredienti, mescolare, portare a ebollizione e cuocere a fuoco medio per altri 25 minuti.
3. Dividete il composto in ciotole e servite per il pranzo.

Cibo: calorie 487, grassi 15,4, fibre 4,6, carboidrati 44,6, proteine 17,8

spezzatino di tacchino

Tempo di preparazione: 5 minuti
Tempo di cottura: 30 minuti
Pasti: 4

Materiali:
- 2 cucchiai di olio d'oliva
- 1 petto di tacchino, senza pelle, disossato e tagliato a cubetti
- 1 tazza di brodo a basso contenuto di sodio
- 1 tazza di passata di pomodoro
- ¼ cucchiaino di scorza di limone grattugiata
- 1 cipolla gialla, tritata
- 1 cucchiaio di peperoncino dolce
- 1 cucchiaio di coriandolo, tritato
- 2 cucchiai di succo di limone
- ¼ cucchiaino di zenzero grattugiato

Istruzioni:
1. Scaldare una padella con olio a fuoco medio-alto, aggiungere la cipolla e la carne e far rosolare per 5 minuti.
2. Aggiungere la zuppa e gli altri ingredienti, portare a ebollizione e cuocere a fuoco medio per 25 minuti.
3. Dividete il composto in ciotole e servite per il pranzo.

Cibo: calorie 150, grassi 8,1, fibre 2,7, carboidrati 12, proteine 9,5

insalata di manzo

Tempo di preparazione: 10 minuti
Tempo di cottura: 30 minuti
Pasti: 4

Materiali:
- Spezzatino di manzo da 1 libbra, tagliato a strisce
- 1 cucchiaio di salvia tritata
- 1 cucchiaio di olio d'oliva
- un pizzico di pepe nero
- ½ cucchiaino di cumino macinato
- 2 tazze di pomodorini tritati
- 1 avocado, sbucciato, senza semi e tritato
- 1 tazza di fagioli neri in scatola, senza aggiunta di sale, scolati e sciacquati
- ½ tazza di cipolla verde tritata
- 2 cucchiai di succo di limone
- 2 cucchiai di aceto balsamico
- 2 cucchiai di coriandolo tritato

Istruzioni:
1. Scaldare una padella con olio a fuoco medio, aggiungere la carne e farla rosolare per 5 minuti.
2. Aggiungere salvia, pepe nero e cumino, mescolare e cuocere per altri 5 minuti.
3. Aggiungere gli ingredienti rimanenti, mescolare, abbassare la fiamma a una temperatura media e cuocere a fuoco lento per 20 minuti.
4. Dividete l'insalata nelle ciotole e servitela per il pranzo.

Cibo: calorie 536, grassi 21,4, fibre 12,5, carboidrati 40,4, proteine 47

Zucchini Casserole

Tempo di preparazione: 10 minuti
Tempo di cottura: 20 minuti
Pasti: 4

Materiali:
- 1 libbra di zucchine, sbucciate e tritate grossolanamente
- 1 tazza di brodo di pollo a basso contenuto di sodio
- 1 tazza di pomodori in scatola, senza aggiunta di sale, tritati
- 1 cucchiaio di olio d'oliva
- 1 cipolla rossa, tritata
- 2 peperoni arancioni, tritati
- ½ tazza di quinoa
- ½ cucchiaio di coriandolo tritato

Istruzioni:
1. Scaldare una padella con olio a fuoco medio, aggiungere la cipolla, mescolare e soffriggere per 2 minuti.
2. Aggiungere le zucchine e gli altri ingredienti, portare ad ebollizione e cuocere per 15 minuti.
3. Mescolare nella casseruola, dividere in ciotole e servire a pranzo.

Cibo: calorie 166, grassi 5,3, fibre 4,7, carboidrati 26,3, proteine 5,9

Miscela di cavolo e manzo

Tempo di preparazione: 10 minuti
Tempo di cottura: 20 minuti
Pasti: 4

Materiali:
- 1 testa di cavolo verde, tritato
- ¼ di tazza di brodo a basso contenuto di sodio
- 2 pomodori tagliati
- 2 cipolle gialle, tritate
- ¾ tazza di peperone rosso, tritato
- 1 cucchiaio di olio d'oliva
- 1 libbra di carne macinata
- ¼ tazza di coriandolo, tritato
- ¼ tazza di cipolla verde tritata
- ¼ cucchiaino di peperoncino rosso tritato

Istruzioni:
1. Scaldare una padella con olio a fuoco medio, aggiungere la carne e la cipolla, mescolare e soffriggere per 5 minuti.
2. Aggiungere il cavolo riccio e gli altri ingredienti, mescolare, cuocere per 15 minuti, dividere in ciotole e servire a pranzo.

Cibo: calorie 328, grassi 11, fibre 6,9, carboidrati 20,1, proteine 38,3

Casseruola di maiale e fagiolini

Tempo di preparazione: 5 minuti
Tempo di cottura: 8 ore e 10 minuti

Pasti: 4

Materiali:
- 1 libbra di stufato di maiale, tagliato a dadini
- 1 cucchiaio di olio d'oliva
- ½ libbra di fagiolini, tagliati e tagliati a metà
- 2 cipolle gialle, tritate
- 2 spicchi d'aglio, tritati
- 2 tazze di brodo a basso contenuto di sodio
- 8 once di salsa di pomodoro
- un pizzico di pepe nero
- Un pizzico di pimento, macinato
- 1 cucchiaio di rosmarino tritato

Istruzioni:
1. Scaldare una padella a fuoco medio, aggiungere la carne, l'aglio e la cipolla, mescolare e soffriggere per 10 minuti.
2. Trasferiscilo nella pentola a cottura lenta, aggiungi gli altri ingredienti, copri e cuoci a fuoco basso per 8 ore.
3. La casseruola viene divisa in ciotole e servita.

Cibo: calorie 334, grassi 14,8, fibre 4,4, carboidrati 13,3, proteine 36,7

Vellutata di zucca

Tempo di preparazione: 10 minuti
Tempo di cottura: 20 minuti
Pasti: 4

Materiali:
- 1 cucchiaio di olio d'oliva
- 1 cipolla gialla, tritata
- 1 cucchiaino di zenzero grattugiato
- 1 libbra di zucchine, tritate
- 32 once di brodo di pollo a basso contenuto di sodio
- 1 tazza di crema al cocco
- 1 cucchiaio di aneto tritato

Istruzioni:
1. Scaldare una padella con olio a fuoco medio, aggiungere la cipolla e lo zenzero, mescolare e cuocere per 5 minuti.
2. Aggiungere le zucchine e gli altri ingredienti, portare ad ebollizione e cuocere a fuoco medio per 15 minuti.
3. Frullare con un frullatore, dividere nelle ciotole e servire.

Cibo: calorie 293, grassi 12,3, fibre 2,7, carboidrati 11,2, proteine 6,4

Insalata di gamberi e uva

Tempo di preparazione: 5 minuti
Tempo di cottura: 0 minuti
Pasti: 4

Materiali:
- 2 cucchiai di maionese a basso contenuto di grassi
- 2 cucchiaini di pepe macinato
- un pizzico di pepe nero
- 1 libbra di gamberetti, cotti, sbucciati e privati dei peli
- 1 tazza di uva rossa, tagliata a metà
- ½ tazza di aglio tritato
- ¼ di tazza di noci tritate
- 1 cucchiaio di coriandolo, tritato

Istruzioni:
1. Mescolare i gamberi con il peperoncino e gli altri ingredienti in un'insalatiera e servire a pranzo.

Cibo: calorie 298, grassi 12,3, fibre 2,6, carboidrati 16,2, proteine 7,8

Crema di carote alla curcuma

Tempo di preparazione: 5 minuti
Tempo di cottura: 25 minuti
Pasti: 4

Materiali:
- 2 cucchiai di olio d'oliva
- 1 cipolla gialla, tritata
- 1 libbra di carote, sbucciate e affettate
- 1 cucchiaino di curcuma in polvere
- 4 gambi di sedano, tritati
- 5 tazze di brodo di pollo a basso contenuto di sodio
- un pizzico di pepe nero
- 1 cucchiaio di coriandolo, tritato

Istruzioni:
1. Scaldare una padella con olio a fuoco medio, aggiungere la cipolla, mescolare e soffriggere per 2 minuti.
2. Aggiungere le carote e gli altri ingredienti, portare a ebollizione e cuocere a fuoco medio per 20 minuti.
3. Sbattere la zuppa con un frullatore, versarla nelle ciotole e servire.

Cibo: calorie 221, grassi 9,6, fibre 4,7, carboidrati 16, proteine 4,8

Zuppa di manzo e fagioli neri

Tempo di preparazione: 10 minuti
Tempo di cottura: 1 ora e 40 minuti

Pasti: 4

Materiali:
- 1 tazza di fagioli neri in scatola, senza sale aggiunto e scolati
- 7 tazze di brodo a basso contenuto di sodio
- 1 peperone verde, tritato
- 1 cucchiaio di olio d'oliva
- 1 libbra di stufato di manzo, tritato
- 1 cipolla gialla, tritata
- 3 spicchi d'aglio, tritati
- 1 peperoncino piccante, tritato
- 1 patata, tagliata a cubetti
- un pizzico di pepe nero
- 1 cucchiaio di coriandolo, tritato

Istruzioni:
1. Scaldare una padella con olio a fuoco medio, aggiungere la cipolla, l'aglio e la carne e far rosolare per 5 minuti.
2. Aggiungere gli altri ingredienti tranne i fagioli e il coriandolo, portare ad ebollizione e cuocere a fuoco medio per 1 ora e 35 minuti.
3. Aggiungere il coriandolo, versare la zuppa nelle ciotole e servire.

Cibo: calorie 421, grassi 17,3, fibre 3,8, carboidrati 18,8, proteine 23,5

Ciotole di salmone e gamberi

Tempo di preparazione: 10 minuti
Tempo di cottura: 13 minuti
Pasti: 4

Materiali:
- Mezzo chilo di salmone affumicato, disossato, senza pelle e tritato
- ½ libbra di gamberetti, sbucciati e privati dei peli
- 1 cucchiaio di olio d'oliva
- 1 cipolla rossa, tritata
- ¼ tazza di pomodori a pezzetti
- ½ tazza di salsa leggera
- 2 cucchiai di coriandolo tritato

Istruzioni:
1. Scaldare una padella con olio a fuoco medio, aggiungere il salmone, mescolare e cuocere per 5 minuti.
2. Aggiungere la cipolla, i gamberi e gli altri ingredienti, cuocere per altri 7 minuti, dividere nelle ciotole e servire.

Cibo: calorie 251, grassi 11,4, fibre 3,7, carboidrati 12,3, proteine 7,1

Salsa di pollo e aglio

Tempo di preparazione: 5 minuti
Tempo di cottura: 20 minuti
Pasti: 4

Materiali:
- 1 cucchiaio di olio d'oliva
- 1 cipolla gialla, tritata
- un pizzico di pepe nero
- Petto di pollo da 1 libbra, senza pelle, disossato e tagliato a dadini
- 4 spicchi d'aglio, tritati
- 1 tazza di brodo di pollo a basso contenuto di sodio
- 2 tazze di crema al cocco
- 1 cucchiaio di basilico tritato
- 1 cucchiaio di coriandolo, tritato

Istruzioni:
1. Scaldare una padella con olio a fuoco medio, aggiungere l'aglio, la cipolla e la carne, mescolare e soffriggere per 5 minuti.
2. Aggiungere la zuppa e gli altri ingredienti, portare a ebollizione e cuocere a fuoco medio per 15 minuti.
3. Dividere il composto nei piatti e servire.

Cibo: calorie 451, grassi 16,6, fibre 9, carboidrati 34,4, proteine 34,5

Casseruola di pollo e melanzane con curcuma

Tempo di preparazione: 5 minuti
Tempo di cottura: 20 minuti
Pasti: 4

Materiali:
- Petto di pollo da 1 libbra, senza pelle, disossato e tagliato a dadini
- 2 scalogni, tritati
- 1 cucchiaio di olio d'oliva
- 1 melanzana, tritata
- 1 tazza di pomodori in scatola, senza sale aggiunto e tritati
- 1 cucchiaio di succo di limone
- un pizzico di pepe nero
- ¼ cucchiaino di zenzero macinato
- 1 cucchiaio di coriandolo, tritato

Istruzioni:
1. Scaldare una padella con olio a fuoco medio, aggiungere lo scalogno e il pollo e far rosolare per 5 minuti.
2. Aggiungere gli ingredienti rimanenti, portare ad ebollizione e cuocere a fuoco medio per altri 15 minuti.
3. Dividere in ciotole e servire per il pranzo.

Cibo: calorie 441, grassi 14,6, fibre 4,9, carboidrati 44,4, proteine 16,9

119

Misto di pollo e indivia

Tempo di preparazione: 5 minuti
Tempo di cottura: 20 minuti
Pasti: 4

Materiali:
- 1 libbra di cosce di pollo, disossate, senza pelle e tritate
- 2 indivie, grattugiate
- 1 tazza di brodo di pollo a basso contenuto di sodio
- 1 cucchiaio di olio d'oliva
- 1 cipolla gialla, tritata
- 1 carota, affettata
- 2 spicchi d'aglio, tritati
- 8 once di pomodori a cubetti in scatola senza aggiunta di sale
- 1 cucchiaio di coriandolo, tritato

Istruzioni:
1. Scaldare una padella con olio a fuoco medio, aggiungere la cipolla e l'aglio e soffriggere per 5 minuti.
2. Aggiungere il pollo e friggere per altri 5 minuti.
3. Aggiungere gli altri ingredienti, portare a ebollizione, cuocere per altri 10 minuti, distribuire nei piatti e servire.

Cibo: calorie 411, grassi 16,7, fibre 5,9, carboidrati 54,5, proteine 24

zuppa di tacchino

Tempo di preparazione: 10 minuti
Tempo di cottura: 40 minuti
Pasti: 4

Materiali:
- 1 petto di tacchino, senza pelle, disossato, tagliato a dadini
- 1 cucchiaio di salsa di pomodoro, sale aggiuntivo
- 1 cucchiaio di olio d'oliva
- 2 cipolle gialle, tritate
- 1 litro di brodo di pollo a basso contenuto di sodio
- 1 cucchiaio di timo tritato
- 2 carote, tagliate a fette
- 3 spicchi d'aglio, tritati
- un pizzico di pepe nero

Istruzioni:
1. Scaldare una padella a fuoco medio, aggiungere la cipolla e l'aglio e soffriggere per 5 minuti.
2. Aggiungere la carne e friggere per altri 5 minuti.
3. Aggiungere il resto degli ingredienti, portare ad ebollizione e cuocere a fuoco medio per 30 minuti.
4. Dividete la zuppa nelle ciotole e servite.

Cibo: calorie 321, grassi 14,5, fibre 11,3, carboidrati 33,7, proteine 16

Mix di pollo e lenticchie

Tempo di preparazione: 10 minuti
Tempo di cottura: 25 minuti
Pasti: 4

Materiali:
- 1 tazza di pomodori a cubetti in scatola senza aggiunta di sale
- pepe nero a piacere
- 1 cucchiaio di pasta di chipotle
- Petto di pollo senza pelle, disossato e tagliato a dadini da 1 libbra
- 2 tazze di lenticchie in scatola, senza sale aggiunto, scolate e lavate
- ½ cucchiaio di olio d'oliva
- 1 cipolla gialla, tritata
- 2 cucchiai di coriandolo tritato

Istruzioni:
1. Scaldare una padella con olio a fuoco medio, aggiungere la cipolla e la pasta di patate, mescolare e friggere per 5 minuti.
2. Aggiungere il pollo, mescolare e soffriggere per 5 minuti.
3. Aggiungere gli altri ingredienti, mescolare, cuocere il tutto per 15 minuti, dividere nelle ciotole e servire.

Cibo: calorie 369, grassi 17,6, fibre 9, carboidrati 44,8, proteine 23,5

pollo e cavolfiore

Tempo di preparazione: 5 minuti
Tempo di cottura: 25 minuti
Pasti: 4

Materiali:
- Petto di pollo senza pelle, disossato e tagliato a dadini da 1 libbra
- 2 tazze di cimette di cavolfiore
- 1 cucchiaio di olio d'oliva
- 1 cipolla rossa, tritata
- 1 cucchiaio di aceto balsamico
- ½ tazza di peperone rosso, tritato
- un pizzico di pepe nero
- 2 spicchi d'aglio, tritati
- ½ tazza di brodo di pollo a basso contenuto di sodio
- 1 tazza di pomodori a cubetti in scatola senza aggiunta di sale

Istruzioni:
1. Scaldare una padella con olio a fuoco medio, aggiungere la cipolla, l'aglio e la carne e far rosolare per 5 minuti.
2. Aggiungere gli ingredienti rimanenti, mescolare e cuocere a fuoco medio per 20 minuti.
3. Dividete il tutto in ciotole e servite per il pranzo.

Cibo: calorie 366, grassi 12, fibre 5,6, carboidrati 44,3, proteine 23,7

Zuppa di pomodoro e carote con basilico

Tempo di preparazione: 10 minuti
Tempo di cottura: 20 minuti
Pasti: 4

Materiali:
- 3 spicchi d'aglio, tritati
- 1 cipolla gialla, tritata
- 3 carote, tritate
- 1 cucchiaio di olio d'oliva
- 20 once di pomodori arrostiti, senza sale aggiunto
- 2 tazze di brodo vegetale a basso contenuto di sodio
- 1 cucchiaio di basilico essiccato
- 1 tazza di crema al cocco
- un pizzico di pepe nero

Istruzioni:
1. Scaldare una padella a fuoco medio, aggiungere la cipolla e l'aglio e soffriggere per 5 minuti.
2. Aggiungere il resto degli ingredienti, mescolare, portare ad ebollizione, cuocere per 15 minuti, frullare la zuppa con un frullatore ad immersione, dividere nelle ciotole e servire a pranzo.

Cibo: calorie 244, grassi 17,8, fibre 4,7, carboidrati 18,6, proteine 3,8

Maiale con patate dolci

Tempo di preparazione: 10 minuti
Tempo di cottura: 30 minuti
Pasti: 4

Materiali:
- 4 braciole di maiale disossate
- 1 libbra di patate dolci, sbucciate e tagliate a spicchi
- 1 cucchiaio di olio d'oliva
- 1 tazza di brodo vegetale a basso contenuto di sodio
- un pizzico di pepe nero
- 1 cucchiaino di timo secco
- 1 cucchiaino di rosmarino essiccato
- 1 cucchiaino di basilico essiccato

Istruzioni:
1. Scaldare una padella con olio a fuoco medio-alto, aggiungere le braciole di maiale e cuocere per 4 minuti su ciascun lato.
2. Aggiungete le patate dolci e gli altri ingredienti, coprite e fate cuocere a fuoco medio per altri 20 minuti, mescolando di tanto in tanto.
3. Dividete il tutto nei piatti e servite.

Cibo: calorie 424, grassi 23,7, fibre 5,1, carboidrati 32,3, proteine 19,9

Zuppa di trota e carote

Tempo di preparazione: 10 minuti
Tempo di cottura: 25 minuti
Pasti: 4

Materiali:
- 1 cipolla gialla, tritata
- 12 tazze di brodo di pesce a basso contenuto di sodio
- 1 libbra di carote, affettate
- Filetti di trota da 1 libbra, disossati, senza pelle e tritati
- 1 cucchiaio di peperoncino dolce
- 1 tazza di pomodori tritati
- 1 cucchiaio di olio d'oliva
- pepe nero a piacere

Istruzioni:
1. Scaldare una padella con olio a fuoco medio-alto, aggiungere la cipolla, mescolare e soffriggere per 5 minuti.
2. Aggiungere il pesce, le carote e gli altri ingredienti, portare ad ebollizione e cuocere a fuoco medio per 20 minuti.
3. Dividete la zuppa nelle ciotole e servite.

Cibo: calorie 361, grassi 13,4, fibre 4,6, carboidrati 164, proteine 44,1

Casseruola di tacchino e finocchio

Tempo di preparazione: 10 minuti
Tempo di cottura: 45 minuti
Pasti: 4

Materiali:
- 1 petto di tacchino, senza pelle, disossato e tagliato a cubetti
- 2 bulbi di finocchio affettati
- 1 cucchiaio di olio d'oliva
- 2 foglie di alloro
- 1 cipolla gialla, tritata
- 1 tazza di pomodori in scatola, senza sale aggiunto
- 2 basi di manzo a basso contenuto di sodio
- 3 spicchi d'aglio, tritati
- pepe nero a piacere

Istruzioni:
1. Scaldare una padella con olio a fuoco medio, aggiungere la cipolla e la carne e far rosolare per 5 minuti.
2. Aggiungere il finocchio e gli altri ingredienti, portare ad ebollizione e cuocere a fuoco medio per 40 minuti, mescolando di tanto in tanto.
3. La casseruola viene divisa in ciotole e servita.

Cibo: calorie 371, grassi 12,8, fibre 5,3, carboidrati 16,7, proteine 11,9

zuppa di melanzane

Tempo di preparazione: 10 minuti
Tempo di cottura: 30 minuti
Pasti: 4

Materiali:
- 2 melanzane grandi, tagliate grossolanamente
- 1 litro di brodo vegetale a basso contenuto di sodio
- 2 cucchiai di concentrato di pomodoro senza sale aggiunto
- 1 cipolla rossa, tritata
- 1 cucchiaio di olio d'oliva
- 1 cucchiaio di coriandolo, tritato
- un pizzico di pepe nero

Istruzioni:
1. Scaldare una padella con olio a fuoco medio, aggiungere la cipolla, mescolare e soffriggere per 5 minuti.
2. Aggiungere le melanzane e gli altri ingredienti, portare ad ebollizione a fuoco medio, cuocere per 25 minuti, dividere in ciotole e servire.

Cibo: calorie 335, grassi 14,4, fibre 5, carboidrati 16,1, proteine 8,4

crema di patate dolci

Tempo di preparazione: 10 minuti
Tempo di cottura: 25 minuti
Pasti: 4

Materiali:
- 4 tazze di brodo vegetale
- 2 cucchiai di olio di avocado
- 2 patate dolci, sbucciate e tritate
- 2 cipolle gialle, tritate
- 2 spicchi d'aglio, tritati
- 1 bicchiere di latte di cocco
- un pizzico di pepe nero
- ½ cucchiaino di basilico tritato

Istruzioni:
1. Scaldare una padella con olio a fuoco medio, aggiungere la cipolla e l'aglio, mescolare e soffriggere per 5 minuti.
2. Aggiungere le patate dolci e gli altri ingredienti, portare ad ebollizione e cuocere a fuoco medio per 20 minuti.
3. Frullare la zuppa con un frullatore, versare nelle ciotole e servire a pranzo.

Cibo: calorie 303, grassi 14,4, fibre 4, carboidrati 9,8, proteine 4,5

Zuppa di pollo e funghi

Tempo di preparazione: 10 minuti
Tempo di cottura: 30 minuti
Pasti: 4

Materiali:
- 1 litro di brodo vegetale a basso contenuto di sodio
- 1 cucchiaio di zenzero grattugiato
- 1 cipolla gialla, tritata
- 1 cucchiaio di olio d'oliva
- Petto di pollo senza pelle, disossato e tagliato a dadini da 1 libbra
- Mezzo chilo di funghi bianchi, affettati
- 4 peperoni tailandesi, tritati
- ¼ tazza di succo di limone
- ¼ tazza di coriandolo, tritato
- un pizzico di pepe nero

Istruzioni:
1. Scaldare una padella con olio a fuoco medio, aggiungere la cipolla, lo zenzero, il peperoncino e la carne, mescolare e soffriggere per 5 minuti.
2. Aggiungere i funghi, mescolare e cuocere per altri 5 minuti.
3. Aggiungere il resto degli ingredienti, portare ad ebollizione e cuocere a fuoco medio per altri 20 minuti.
4. Versare la zuppa nelle ciotole e servire subito.

Cibo: calorie 226, grassi 8,4, fibre 3,3, carboidrati 13,6, proteine 28,2

padella di salmone al limone

Tempo di preparazione: 10 minuti
Tempo di cottura: 20 minuti
Pasti: 4

Materiali:
- 4 filetti di salmone disossati
- 3 spicchi d'aglio, tritati
- 1 cipolla gialla, tritata
- pepe nero a piacere
- 2 cucchiai di olio d'oliva
- Succo di 1 lime
- 1 cucchiaio di scorza di limone grattugiata
- 1 cucchiaio di timo tritato

Istruzioni:
1. Scaldare una padella a fuoco medio, aggiungere la cipolla e l'aglio, mescolare e soffriggere per 5 minuti.
2. Aggiungere il pesce e friggerlo per 3 minuti su ciascun lato.
3. Aggiungere gli altri ingredienti, cuocere il tutto per altri 10 minuti, distribuire nei piatti e servire a pranzo.

Cibo: calorie 315, grassi 18,1, fibre 1,1, carboidrati 4,9, proteine 35,1

Insalata di patate

Tempo di preparazione: 10 minuti
Tempo di cottura: 20 minuti
Pasti: 4

Materiali:
- 2 pomodori, tritati
- 2 avocado, senza semi e affettati
- 2 tazze di spinaci novelli
- 2 teste, tritate
- 1 libbra di patate dorate, bollite, sbucciate e tagliate a spicchi
- 1 cucchiaio di olio d'oliva
- 1 cucchiaio di succo di limone
- 1 cipolla gialla, tritata
- 2 spicchi d'aglio, tritati
- pepe nero a piacere
- 1 mazzetto di coriandolo, tritato

Istruzioni:
1. Scaldare una padella con olio a fuoco medio, aggiungere cipolla, aglio e aglio, mescolare e soffriggere per 5 minuti.
2. Aggiungete le patate, mescolate delicatamente e fate cuocere per altri 5 minuti.
3. Aggiungere il resto degli ingredienti, mescolare, cuocere a fuoco medio per altri 10 minuti, dividere in ciotole e servire a pranzo.

Cibo:calorie 342, grassi 23,4, fibre 11,7, carboidrati 33,5, proteine 5

Carne macinata e pomodori

Tempo di preparazione: 10 minuti
Tempo di cottura: 20 minuti
Pasti: 4

Materiali:
- 1 libbra di carne macinata
- 1 cipolla rossa, tritata
- 1 cucchiaio di olio d'oliva
- 1 tazza di pomodorini, tagliati a metà
- ½ peperone rosso, tritato
- pepe nero a piacere
- 1 cucchiaio di coriandolo, tritato
- 1 cucchiaio di rosmarino tritato
- 3 cucchiai di brodo a basso contenuto di sodio

Istruzioni:
1. Scaldare una padella con olio a fuoco medio, aggiungere cipolla e pepe, mescolare e soffriggere per 5 minuti.
2. Aggiungere la carne, mescolare e friggere per altri 5 minuti.
3. Aggiungere gli altri ingredienti, mescolare, cuocere per 10 minuti, dividere in ciotole e servire a pranzo.

Cibo: calorie 320, grassi 11,3, fibre 4,4, carboidrati 18,4, proteine 9

Insalata di gamberi e avocado

Tempo di preparazione: 5 minuti
Tempo di cottura: 0 minuti
Pasti: 4

Materiali:
- 1 arancia, sbucciata e tagliata a pezzi
- 1 libbra di gamberetti, cotti, sbucciati e privati dei peli
- 2 tazze di rucola giovane
- 1 avocado, senza semi, sbucciato e tritato
- 2 cucchiai di olio d'oliva
- 2 cucchiai di aceto balsamico
- ½ succo d'arancia
- sale e pepe

Istruzioni:
1. Mescolare i gamberetti con l'arancia e gli altri ingredienti in un'insalatiera e servire a pranzo.

Cibo: calorie 300, grassi 5,2, fibre 2, carboidrati 11,4, proteine 6,7

broccoli cremosi

Tempo di preparazione: 10 minuti
Tempo di cottura: 40 minuti
Pasti: 4

Materiali:
- 2 chili di fiori di broccoli
- 1 cipolla gialla, tritata
- 1 cucchiaio di olio d'oliva
- pepe nero a piacere
- 2 spicchi d'aglio, tritati
- 3 tazze di brodo a basso contenuto di sodio
- 1 bicchiere di latte di cocco
- 2 cucchiai di coriandolo tritato

Istruzioni:
1. Scaldare una padella con olio a fuoco medio, aggiungere la cipolla e l'aglio, mescolare e soffriggere per 5 minuti.
2. Aggiungere i broccoli e gli altri ingredienti tranne il latte di cocco, portare ad ebollizione e cuocere a fuoco medio per altri 35 minuti.
3. Frullare la zuppa, aggiungere il latte di cocco, frullare ancora, dividere nelle ciotole e servire.

Cibo: calorie 330, grassi 11,2, fibre 9,1, carboidrati 16,4, proteine 9,7

Zuppa di cavoli

Tempo di preparazione: 10 minuti
Tempo di cottura: 40 minuti
Pasti: 4

Materiali:
- 1 testa di cavolo verde, tritato grossolanamente
- 1 cipolla gialla, tritata
- 1 cucchiaio di olio d'oliva
- pepe nero a piacere
- 1 porro, tritato
- 2 tazze di pomodori in scatola a basso contenuto di sodio
- 4 tazze di brodo di pollo a basso contenuto di sodio
- 1 cucchiaio di coriandolo, tritato

Istruzioni:
1. Scaldare una padella con olio a fuoco medio, aggiungere la cipolla e il porro, mescolare e cuocere per 5 minuti.
2. Aggiungere il cavolo e gli altri ingredienti tranne il coriandolo, portare a ebollizione e cuocere a fuoco medio per 35 minuti.
3. Dividere la zuppa in ciotole, cospargere sopra il coriandolo e servire.

Cibo: calorie 340, grassi 11,7, fibre 6, carboidrati 25,8, proteine 11,8

Zuppa di sedano e cavolfiore

Tempo di preparazione: 10 minuti
Tempo di cottura: 40 minuti
Pasti: 4

Materiali:
- 2 chili di cimette di cavolfiore
- 1 cipolla rossa, tritata
- 1 cucchiaio di olio d'oliva
- 1 tazza di passata di pomodoro
- pepe nero a piacere
- 1 tazza di sedano, tritato
- 6 tazze di brodo di pollo a basso contenuto di sodio
- 1 cucchiaio di aneto tritato

Istruzioni:
4. Scaldare una padella con olio a fuoco medio-alto, aggiungere la cipolla e il sedano, mescolare e soffriggere per 5 minuti.
5. Aggiungere il cavolfiore e gli altri ingredienti, portare ad ebollizione e cuocere a fuoco medio per altri 35 minuti.
6. Dividete la zuppa nelle ciotole e servite.

Cibo: calorie 135, grassi 4, fibre 8, carboidrati 21,4, proteine 7,7

Zuppa di maiale e porri

Tempo di preparazione: 10 minuti
Tempo di cottura: 40 minuti
Pasti: 4

Materiali:
- 1 libbra di stufato di maiale, tagliato a dadini
- pepe nero a piacere
- 5 porri, tritati
- 1 cipolla gialla, tritata
- 2 cucchiai di olio d'oliva
- 1 cucchiaio di prezzemolo tritato
- 6 tazze di brodo a basso contenuto di sodio

Istruzioni:
4. Scaldare una padella con olio a fuoco medio, aggiungere la cipolla e il porro, mescolare e soffriggere per 5 minuti.
5. Aggiungere la carne, mescolare e friggere per altri 5 minuti.
6. Aggiungere il resto degli ingredienti, portare ad ebollizione e cuocere a fuoco medio per 30 minuti.
7. Dividete la zuppa nelle ciotole e servite.

Cibo: calorie 395, grassi 18,3, fibre 2,6, carboidrati 18,4, proteine 38,2

Insalata di menta con gamberi e broccoli

Tempo di preparazione: 5 minuti
Tempo di cottura: 20 minuti
Pasti: 4

Materiali:
- 1/3 di tazza di brodo vegetale a basso contenuto di sodio
- 2 cucchiai di olio d'oliva
- 2 tazze di cimette di broccoli
- 1 libbra di gamberi, sbucciati e privati dei peli
- pepe nero a piacere
- 1 cipolla gialla, tritata
- 4 pomodorini, tagliati a metà
- 2 spicchi d'aglio, tritati
- succo di ½ limone
- ½ tazza di olive Kalamata, snocciolate e tagliate a metà
- 1 cucchiaio di menta, tritata

Istruzioni:
1. Scaldare una padella con olio a fuoco medio, aggiungere la cipolla e l'aglio, mescolare e soffriggere per 3 minuti.
2. Aggiungere i gamberetti, mescolare e cuocere per altri 2 minuti.
3. Aggiungete i broccoli e gli altri ingredienti, mescolate, fate cuocere il tutto per 10 minuti, dividete nelle ciotole e servite per il pranzo.

Cibo:calorie 270, grassi 11,3, fibre 4,1, carboidrati 14,3, proteine 28,9

Zuppa di gamberi e merluzzo

Tempo di preparazione: 10 minuti
Tempo di cottura: 20 minuti
Pasti: 4

Materiali:
- 1 litro di brodo di pollo a basso contenuto di sodio
- ½ libbra di gamberetti, sbucciati e privati dei peli
- Filetto di merluzzo da ½ libbra, disossato, senza pelle e tritato
- 2 cucchiai di olio d'oliva
- 2 cucchiaini di pepe macinato
- 1 cucchiaino di peperone rosso dolce
- 2 scalogni, tritati
- un pizzico di pepe nero
- 1 cucchiaio di aneto tritato

Istruzioni:
1. Scaldare una padella con olio a fuoco medio, aggiungere lo scalogno, mescolare e soffriggere per 5 minuti.
2. Aggiungere i gamberi e il merluzzo e cuocere per altri 5 minuti.
3. Aggiungere gli ingredienti rimanenti, portare ad ebollizione e cuocere a fuoco medio per 10 minuti.
4. Dividete la zuppa nelle ciotole e servite.

Cibo: calorie 189, grassi 8,8, fibre 0,8, carboidrati 3,2, proteine 24,6

Miscela di gamberetti e cipolle verdi

Tempo di preparazione: 10 minuti
Tempo di cottura: 10 minuti
Pasti: 4

Materiali:
- 2 libbre di gamberetti, sbucciati e privati dei peli
- 1 tazza di pomodorini, tagliati a metà
- 1 cucchiaio di olio d'oliva
- 4 cipolle verdi, tritate
- 1 cucchiaio di aceto balsamico
- 1 cucchiaio di coriandolo, tritato

Istruzioni:
1. Scaldare una padella a fuoco medio, aggiungere la cipolla e i pomodorini, mescolare e friggere per 4 minuti.
2. Aggiungere i gamberetti e gli altri ingredienti, cuocere per altri 6 minuti, distribuire nei piatti e servire.

Cibo: calorie 313, grassi 7,5, fibre 1, carboidrati 6,4, proteine 52,4

Stufato di spinaci

Tempo di preparazione: 10 minuti
Tempo di cottura: 15 minuti
Pasti: 4

Materiali:
- 1 cucchiaio di olio d'oliva
- 1 cucchiaino di zenzero grattugiato
- 2 spicchi d'aglio, tritati
- 1 cipolla gialla, tritata
- 2 pomodori, tritati
- 1 tazza di pomodori in scatola, senza sale aggiunto
- 1 cucchiaino di cumino, macinato
- un pizzico di pepe nero
- 1 tazza di brodo vegetale a basso contenuto di sodio
- 2 chili di foglie di spinaci

Istruzioni:
1. Scaldare una padella con olio a fuoco medio, aggiungere lo zenzero, l'aglio e la cipolla, mescolare e soffriggere per 5 minuti.
2. Aggiungere i pomodori, i pomodori in scatola e gli altri ingredienti, mescolare delicatamente, portare a ebollizione e cuocere per altri 10 minuti.
3. La casseruola viene divisa in ciotole e servita.

Cibo: calorie 123, grassi 4,8, fibre 7,3, carboidrati 17, proteine 8,2

Mix di cavolfiore al curry

Tempo di preparazione: 10 minuti
Tempo di cottura: 25 minuti
Pasti: 4

Materiali:
- 1 cipolla rossa, tritata
- 1 cucchiaio di olio d'oliva
- 2 spicchi d'aglio, tritati
- 1 peperone rosso, tritato
- 1 peperone verde, tritato
- 1 cucchiaio di succo di limone
- Cimette di cavolfiore da 1 libbra
- 14 once di pomodori a dadini in scatola
- 2 cucchiaini di curry in polvere
- un pizzico di pepe nero
- 2 tazze di crema al cocco
- 1 cucchiaio di coriandolo, tritato

Istruzioni:
1. Scaldare una padella con olio a fuoco medio, aggiungere la cipolla e l'aglio, mescolare e cuocere per 5 minuti.
2. Aggiungere il peperoncino e gli altri ingredienti, portare il tutto a ebollizione e cuocere a fuoco medio per 20 minuti.
3. Dividete il tutto nelle ciotole e servite.

Cibo: calorie 270, grassi 7,7, fibre 5,4, carboidrati 12,9, proteine 7

casseruola di carote e zucchine

Tempo di preparazione: 10 minuti
Tempo di cottura: 30 minuti
Pasti: 4

Materiali:
- 1 cipolla gialla, tritata
- 2 cucchiai di olio d'oliva
- 2 spicchi d'aglio, tritati
- 4 zucchine, tagliate a fette
- 2 carote, tagliate a fette
- 1 cucchiaino di peperone rosso dolce
- ¼ cucchiaino di pepe macinato
- un pizzico di pepe nero
- ½ tazza di pomodori, tritati
- 2 tazze di brodo vegetale a basso contenuto di sodio
- 1 cucchiaio di coriandolo, tritato
- 1 cucchiaio di rosmarino tritato

Istruzioni:
1. Scaldare una padella con olio a fuoco medio, aggiungere la cipolla e l'aglio, mescolare e soffriggere per 5 minuti.
2. Aggiungere le zucchine, le carote e gli altri ingredienti, portare a ebollizione e cuocere per altri 25 minuti.
3. Dividete la casseruola nelle ciotole e servitela subito per il pranzo.

Cibo: calorie 272, grassi 4,6, fibre 4,7, carboidrati 14,9, proteine 9

Casseruola di cavoli e fagiolini

Tempo di preparazione: 10 minuti
Tempo di cottura: 25 minuti
Pasti: 4

Materiali:
- 2 cucchiai di olio d'oliva
- 1 testa di cavolo rosso, tritato
- 1 cipolla rossa, tritata
- 1 libbra di fagiolini, tagliati e tagliati a metà
- 2 spicchi d'aglio, tritati
- 7 once di pomodori a dadini in scatola senza sale aggiunto
- 2 tazze di brodo vegetale a basso contenuto di sodio
- un pizzico di pepe nero
- 1 cucchiaio di aneto tritato

Istruzioni:
1. Scaldare una padella con olio, aggiungere la cipolla e l'aglio a fuoco medio, mescolare e soffriggere per 5 minuti.
2. Aggiungete la verza e gli altri ingredienti, mescolate, coprite e fate cuocere a fuoco medio per 20 minuti.
3. Dividere in ciotole e servire per il pranzo.

Cibo: calorie 281, grassi 8,5, fibre 7,1, carboidrati 14,9, proteine 6,7

Zuppa di funghi piccante

Tempo di preparazione: 5 minuti
Tempo di cottura: 30 minuti
Pasti: 4

Materiali:
- 1 cipolla gialla, tritata
- 1 cucchiaio di olio d'oliva
- 1 peperoncino rosso, tritato
- 1 cucchiaino di peperoncino
- ½ cucchiaino di peperoncino
- 4 spicchi d'aglio, tritati
- 1 libbra di funghi bianchi, affettati
- 6 tazze di brodo vegetale a basso contenuto di sodio
- 1 tazza di pomodori, a fette
- ½ cucchiaio di prezzemolo tritato

Istruzioni:
1. Scaldare una padella con l'olio, aggiungere la cipolla, il peperoncino, la salsiccia, il peperoncino e l'aglio a fuoco medio, mescolare e soffriggere per 5 minuti.
2. Aggiungere i funghi, mescolare e cuocere per altri 5 minuti.
3. Aggiungere gli ingredienti rimanenti, portare ad ebollizione e cuocere a fuoco medio per 20 minuti.
4. Dividete la zuppa nelle ciotole e servite.

Cibo: calorie 290, grassi 6,6, fibre 4,6, carboidrati 16,9, proteine 10

maiale al pepe

Tempo di preparazione: 10 minuti
Tempo di cottura: 30 minuti
Pasti: 4

Materiali:
- 2 libbre di stufato di maiale, tagliato a dadini
- 2 cucchiai di pasta di pepe
- 1 cipolla gialla, tritata
- 2 spicchi d'aglio, tritati
- 1 cucchiaio di olio d'oliva
- 2 tazze di brodo a basso contenuto di sodio
- 1 cucchiaio di timo tritato

Istruzioni:
1. Scaldare una pentola con l'olio, aggiungere la cipolla e l'aglio a fuoco medio, mescolare e soffriggere per 5 minuti.
2. Aggiungere la carne e friggere per altri 5 minuti.
3. Aggiungere il resto degli ingredienti, portare ad ebollizione e cuocere a fuoco medio per altri 20 minuti.
4. Dividete il composto nelle ciotole e servite.

Cibo: calorie 363, grassi 8,6, fibre 7, carboidrati 17,3, proteine 18,4

Insalata di peperoni, funghi e salmone

Tempo di preparazione: 10 minuti
Tempo di cottura: 20 minuti
Pasti: 4

Materiali:
- 10 once di salmone affumicato a dadini, disossato, senza pelle e a basso contenuto di sodio
- 2 cipolle verdi, tritate
- 2 peperoni rossi, tritati
- 1 cucchiaio di olio d'oliva
- ½ cucchiaino di timo secco
- ½ cucchiaino di paprika affumicata
- un pizzico di pepe nero
- 8 once di funghi bianchi, affettati
- 1 cucchiaio di succo di limone
- 1 tazza di olive nere, snocciolate e tagliate a metà
- 1 cucchiaio di prezzemolo tritato

Istruzioni:
1. Scaldare una padella con olio a fuoco medio, aggiungere la cipolla e il peperoncino, mescolare e cuocere per 4 minuti.
2. Aggiungere i funghi, mescolare e friggere per 5 minuti.
3. Aggiungete il salmone e gli altri ingredienti, mescolate, fate cuocere il tutto per altri 10 minuti, dividete nelle ciotole e servite per il pranzo.

Cibo: calorie 321, grassi 8,5, fibre 8, carboidrati 22,2, proteine 13,5

Mix di ceci e patate

Tempo di preparazione: 10 minuti
Tempo di cottura: 30 minuti
Pasti: 4

Materiali:
- 2 cucchiai di olio d'oliva
- 1 tazza di ceci in scatola, senza aggiunta di sale, scolati e lavati
- 1 libbra di patate dolci, sbucciate e tagliate a spicchi
- 4 spicchi d'aglio, tritati
- 2 scalogni, tritati
- 1 tazza di pomodori in scatola, senza sale aggiunto e tritati
- 1 cucchiaino di coriandolo macinato
- 2 pomodori, tritati
- 1 tazza di brodo vegetale a basso contenuto di sodio
- un pizzico di pepe nero
- 1 cucchiaio di succo di limone
- 1 cucchiaio di coriandolo, tritato

Istruzioni:
1. Scaldare una padella con olio a fuoco medio, aggiungere lo scalogno e l'aglio, mescolare e far rosolare per 5 minuti.
2. Aggiungere i ceci, le patate e gli altri ingredienti, far bollire e cuocere a fuoco medio per 25 minuti.
3. Dividete il tutto in ciotole e servite per il pranzo.

Cibo:calorie 341, grassi 11,7, fibre 6, carboidrati 14,9, proteine 18,7

Miscela di pollo al cardamomo

Tempo di preparazione: 10 minuti
Tempo di cottura: 30 minuti
Pasti: 4

Materiali:
- 1 cucchiaio di olio d'oliva
- Petto di pollo senza pelle, disossato e tagliato a dadini da 1 libbra
- 1 scalogno, tritato
- 1 cucchiaio di zenzero grattugiato
- 2 spicchi d'aglio, tritati
- 1 cucchiaino di cardamomo macinato
- ½ cucchiaino di curcuma in polvere
- 1 cucchiaino di succo di limone
- 1 tazza di brodo di pollo a basso contenuto di sodio
- 1 cucchiaio di coriandolo, tritato

Istruzioni:
1. Scaldare una padella con olio a fuoco medio-alto, aggiungere lo scalogno, lo zenzero, l'aglio, il cardamomo e la curcuma, mescolare e soffriggere per 5 minuti.
2. Aggiungere la carne e friggere per 5 minuti.
3. Aggiungete il resto degli ingredienti, portate il tutto a ebollizione e fate cuocere per 20 minuti.
4. Dividete il composto nelle ciotole e servite.

Cibo: calorie 175, grassi 6,5, fibre 0,5, carboidrati 3,3, proteine 24,7

Pepe Di Lenticchie

Tempo di preparazione: 10 minuti
Tempo di cottura: 35 minuti
Pasti: 6

Materiali:
- 1 peperone verde, tritato
- 1 cucchiaio di olio d'oliva
- 2 cipolline, tritate
- 2 spicchi d'aglio, tritati
- 24 once di lenticchie in scatola, senza aggiunta di sale, scolate e sciacquate
- 2 tazze di brodo vegetale
- 2 cucchiai di peperoncino in polvere, delicato
- ½ cucchiaino di polvere di chipotle
- 30 once di pomodori a dadini in scatola senza aggiunta di sale
- un pizzico di pepe nero

Istruzioni:
1. Scaldare una padella con olio a fuoco medio, aggiungere la cipolla e l'aglio, mescolare e soffriggere per 5 minuti.
2. Aggiungere il peperoncino, le lenticchie e gli altri ingredienti, portare ad ebollizione e cuocere a fuoco medio per 30 minuti.
3. Dividete i peperoni nelle ciotole e serviteli per il pranzo.

Cibo:calorie 466, grassi 5, fibre 37,6, carboidrati 77,9, proteine 31,2

indivia al rosmarino

Tempo di preparazione: 10 minuti
Tempo di cottura: 20 minuti
Pasti: 4

Materiali:
- 2 indivie, tagliate a metà nel senso della lunghezza
- 2 cucchiai di olio d'oliva
- 1 cucchiaino di rosmarino essiccato
- ½ cucchiaino di curcuma in polvere
- un pizzico di pepe nero

Istruzioni:
1. Lanciare l'indivia su una teglia con olio e altri ingredienti, mescolare leggermente, mettere in forno e cuocere a 400 gradi F per 20 minuti.
2. Dividere nei piatti e servire come contorno.

Cibo: calorie 66, grassi 7,1, fibre 1, carboidrati 1,2, proteine 0,3

cicoria al limone

Tempo di preparazione: 10 minuti
Tempo di cottura: 20 minuti
Pasti: 4

Materiali:
- 4 indivie, dimezzate nel senso della lunghezza
- 1 cucchiaio di succo di limone
- 1 cucchiaio di scorza di limone grattugiata
- 2 cucchiai di parmigiano magro, grattugiato
- 2 cucchiai di olio d'oliva
- un pizzico di pepe nero

Istruzioni:
1. Metti l'indivia in una ciotola con gli altri ingredienti tranne il succo di limone e il parmigiano e mescola.
2. Spolverare con parmigiano, cuocere l'indivia a 200°C per 20 minuti, distribuirla nei piatti e servire come contorno.

Cibo: calorie 71, grassi 7,1, fibre 0,9, carboidrati 2,3, proteine 0,9

pesto di asparagi

Tempo di preparazione: 10 minuti
Tempo di cottura: 20 minuti
Pasti: 4

Materiali:
- 1 libbra di asparagi, affettati
- 2 cucchiai di pesto di basilico
- 1 cucchiaio di succo di limone
- un pizzico di pepe nero
- 3 cucchiai di olio d'oliva
- 2 cucchiai di coriandolo tritato

Istruzioni:
1. Disporre gli asparagi su una teglia, aggiungere il pesto e gli altri ingredienti, infornare e cuocere a 400 gradi F per 20 minuti.
2. Dividere nei piatti e servire come contorno.

Cibo: calorie 114, grassi 10,7, fibre 2,4, carboidrati 4,6, proteine 2,6

carota al peperoncino

Tempo di preparazione: 10 minuti
Tempo di cottura: 30 minuti
Pasti: 4

Materiali:
- 1 libbra di carotine, affettate
- 1 cucchiaio di peperoncino dolce
- 1 cucchiaino di succo di limone
- 3 cucchiai di olio d'oliva
- un pizzico di pepe nero
- 1 cucchiaino di sesamo

Istruzioni:
1. Disporre le carote sulla teglia, aggiungere il resto degli ingredienti tranne il peperoncino e i semi di sesamo, agitare, infornare e cuocere a 400 F per 30 minuti.
2. Disporre le carote nei piatti, cospargere i semi di sesamo e servire come contorno.

Cibo: calorie 142, grassi 11,3, fibre 4,1, carboidrati 11,4, proteine 1,2

padella cremosa di patate

Tempo di preparazione: 10 minuti
Tempo di cottura: 1 ora
Pasti: 8

Materiali:
- 1 libbra di patate dorate, sbucciate e tagliate a spicchi
- 2 cucchiai di olio d'oliva
- 1 cipolla rossa, tritata
- 2 spicchi d'aglio, tritati
- 2 tazze di crema al cocco
- 1 cucchiaio di timo tritato
- ¼ cucchiaino di cocco macinato
- ½ tazza di parmigiano magro grattugiato

Istruzioni:
1. Scaldare una padella a fuoco medio, aggiungere la cipolla e l'aglio e soffriggere per 5 minuti.
2. Aggiungere le patate e friggere per altri 5 minuti.
3. Aggiungete la panna e gli altri ingredienti, mescolate delicatamente, portate ad ebollizione e fate cuocere a fuoco medio per altri 40 minuti.
4. Dividete il composto nei piatti e servite come contorno.

Cibo: calorie 230, grassi 19,1, fibre 3,3, carboidrati 14,3, proteine 3,6

cavolo al sesamo

Tempo di preparazione: 10 minuti
Tempo di cottura: 20 minuti
Pasti: 4

Materiali:
- 1 libbra di cavolo verde, tritato grossolanamente
- 2 cucchiai di olio d'oliva
- un pizzico di pepe nero
- 1 scalogno, tritato
- 2 spicchi d'aglio, tritati
- 2 cucchiai di aceto balsamico
- 2 cucchiaini di peperoncino
- 1 cucchiaino di sesamo

Istruzioni:
1. Scaldare una padella a fuoco medio, aggiungere lo scalogno e l'aglio e farli soffriggere per 5 minuti.
2. Aggiungere il cavolo e gli altri ingredienti, mescolare, cuocere a fuoco medio per 15 minuti, distribuire nei piatti e servire.

Cibo: calorie 101, grassi 7,6, fibre 3,4, carboidrati 84, proteine 1,9

broccoli al coriandolo

Tempo di preparazione: 10 minuti
Tempo di cottura: 30 minuti
Pasti: 4

Materiali:
- 2 cucchiai di olio d'oliva
- Cimette di broccoli da 1 libbra
- 2 spicchi d'aglio, tritati
- 2 cucchiai di salsa piccante
- 1 cucchiaio di succo di limone
- un pizzico di pepe nero
- 2 cucchiai di coriandolo tritato

Istruzioni:
1. Condisci i broccoli con l'olio, l'aglio e gli altri ingredienti su una teglia, mescola un po', mettili nel forno e cuoci a 400 gradi F per 30 minuti.
2. Dividete il composto nei piatti e servite come contorno.

Cibo: calorie 103, grassi 7,4, fibre 3, carboidrati 8,3, proteine 3,4

Cavolini di Bruxelles piccanti

Tempo di preparazione: 10 minuti
Tempo di cottura: 25 minuti
Pasti: 4

Materiali:
- 1 cucchiaio di olio d'oliva
- 1 libbra di cavoletti di Bruxelles, tagliati e tagliati a metà
- 2 spicchi d'aglio, tritati
- ½ tazza di mozzarella magra, tritata
- Un pizzico di scaglie di pepe macinato

Istruzioni:
1. Mettete i cavoletti su una teglia con il resto degli ingredienti tranne l'olio e il formaggio e mescolate.
2. Cospargere di formaggio, mettere in forno e cuocere a 400 gradi F per 25 minuti.
3. Dividere nei piatti e servire come contorno.

Cibo: calorie 91, grassi 4,5, fibre 4,3, carboidrati 10,9, proteine 5

Mix di cavoletti di Bruxelles e cipolla verde

Tempo di preparazione: 10 minuti
Tempo di cottura: 25 minuti
Pasti: 4

Materiali:
- 2 cucchiai di olio d'oliva
- 1 libbra di cavoletti di Bruxelles, tagliati e tagliati a metà
- 3 cipolle verdi, tritate
- 2 spicchi d'aglio, tritati
- 1 cucchiaio di aceto balsamico
- 1 cucchiaio di peperoncino dolce
- un pizzico di pepe nero

Istruzioni:
1. Saltare i cavoletti di Bruxelles in una padella con l'olio e gli altri ingredienti e arrostirli a 400 gradi F per 25 minuti.
2. Dividere il composto nei piatti e servire.

Cibo: calorie 121, grassi 7,6, fibre 5,2, carboidrati 12,7, proteine 4,4

purea di cavolfiore

Tempo di preparazione: 10 minuti
Tempo di cottura: 25 minuti
Pasti: 4

Materiali:
- 2 chili di cimette di cavolfiore
- ½ tazza di latte di cocco
- un pizzico di pepe nero
- ½ tazza di panna acida a basso contenuto di grassi
- 1 cucchiaio di coriandolo, tritato
- 1 cucchiaio di coriandolo, tritato

Istruzioni:
1. Mettete il cavolfiore in una pentola, aggiungete abbastanza acqua da coprirlo, fate bollire a fuoco medio, fate cuocere per 25 minuti e scolatelo.
2. Frullare il cavolfiore, aggiungere il latte, il pepe nero e la panna, mescolare bene, dividere nei piatti, cospargere con il resto degli ingredienti e servire.

Cibo: calorie 188, grassi 13,4, fibre 6,4, carboidrati 15, proteine 6,1

insalata di avocado

Tempo di preparazione: 5 minuti
Tempo di cottura: 0 minuti
Pasti: 4

Materiali:
- 2 cucchiai di olio d'oliva
- 2 avocado, sbucciati, snocciolati e tagliati a rondelle
- 1 tazza di olive Kalamata, snocciolate e tagliate a metà
- 1 tazza di pomodori tritati
- 1 cucchiaio di zenzero grattugiato
- un pizzico di pepe nero
- 2 tazze di rucola giovane
- 1 cucchiaio di aceto balsamico

Istruzioni:
1. Mescolare l'avocado con il kalamata e gli altri ingredienti in una ciotola e servire come contorno.

Cibo: calorie 320, grassi 30,4, fibre 8,7, carboidrati 13,9, proteine 3

insalata di ravanelli

Tempo di preparazione: 5 minuti
Tempo di cottura: 0 minuti
Pasti: 4

Materiali:
- 2 cipolle verdi, affettate
- 1 libbra di ravanelli, tritati
- 2 cucchiai di aceto balsamico
- 2 cucchiai di olio d'oliva
- 1 cucchiaino di peperoncino
- 1 tazza di olive nere, snocciolate e tagliate a metà
- un pizzico di pepe nero

Istruzioni:
1. In una grande insalatiera unire i ravanelli con la cipolla e gli altri ingredienti, mescolare e servire come contorno.

Cibo: calorie 123, grassi 10,8, fibre 3,3, carboidrati 7, proteine 1,3

insalata di indivia al limone

Tempo di preparazione: 5 minuti
Tempo di cottura: 0 minuti
Pasti: 4

Materiali:
- 2 grandi indivie tritate
- 1 cucchiaio di aneto tritato
- ¼ tazza di succo di limone
- ¼ tazza di olio d'oliva
- 2 tazze di spinaci novelli
- 2 pomodori tagliati
- 1 cetriolo, tagliato a fette
- ½ tazza di noci tritate

Istruzioni:
1. Mescolare l'indivia con gli spinaci e gli altri ingredienti in una ciotola capiente e servire come contorno.

Cibo: calorie 238, grassi 22,3, fibre 3,1, carboidrati 8,4, proteine 5,7

Miscela di olive e mais

Tempo di preparazione: 5 minuti
Tempo di cottura: 0 minuti
Pasti: 4

Materiali:
- 2 cucchiai di olio d'oliva
- 1 cucchiaio di aceto balsamico
- un pizzico di pepe nero
- 4 tazze di mais
- 2 tazze di olive nere, snocciolate e tagliate a metà
- 1 cipolla rossa, tritata
- ½ tazza di pomodorini, tagliati a metà
- 1 cucchiaio di basilico tritato
- 1 cucchiaio di jalapeño, tritato
- 2 tazze di lattuga, tritata

Istruzioni:
1. In una ciotola capiente, mescolare il mais con le olive, l'insalata e gli altri ingredienti, mescolare bene, distribuire nei piatti e servire come contorno.

Cibo: calorie 290, grassi 16,1, fibre 7,4, carboidrati 37,6, proteine 6,2

Insalata di rucola e pinoli

Tempo di preparazione: 5 minuti
Tempo di cottura: 0 minuti
Pasti: 4

Materiali:
- ¼ di tazza di semi di melograno
- 5 tazze di rucola baby
- 6 cucchiai di cipolla verde tritata
- 1 cucchiaio di aceto balsamico
- 2 cucchiai di olio d'oliva
- 3 cucchiai di pinoli
- ½ scalogno, tritato

Istruzioni:
1. Mescolare la rucola con il melograno e gli altri ingredienti in un'insalatiera e servire.

Cibo: calorie 120, grassi 11,6, fibre 0,9, carboidrati 4,2, proteine 1,8

mandorle e spinaci

Tempo di preparazione: 10 minuti
Tempo di cottura: 0 minuti
Pasti: 4

Materiali:
- 2 cucchiai di olio d'oliva
- 2 avocado, sbucciati, snocciolati e tagliati a rondelle
- 3 tazze di spinaci novelli
- ¼ tazza di mandorle, tostate e tritate
- 1 cucchiaio di succo di limone
- 1 cucchiaio di coriandolo, tritato

Istruzioni:
1. Mescolare l'avocado con le mandorle, gli spinaci e gli altri ingredienti in una ciotola e servire come contorno.

Cibo: calorie 181, grassi 4, fibre 4,8, carboidrati 11,4, proteine 6

Insalata di fagiolini e mais

Tempo di preparazione: 4 minuti
Tempo di cottura: 0 minuti
Pasti: 4

Materiali:
- Succo di 1 lime
- 2 tazze di lattuga, tritata
- 1 tazza di mais
- ½ libbra di fagiolini, sbollentati e tagliati a metà
- 1 cetriolo, tritato
- 1/3 tazza di erba cipollina, tritata

Istruzioni:
1. Mescolare i fagiolini con il mais e gli altri ingredienti in una ciotola e servire.

Cibo:calorie 225, grassi 12, fibre 2,4, carboidrati 11,2, proteine 3,5

insalata di indivia e cavolo riccio

Tempo di preparazione: 4 minuti
Tempo di cottura: 0 minuti
Pasti: 4

Materiali:
- 3 cucchiai di olio d'oliva
- 2 indivie mondate e affettate
- 2 cucchiai di succo di limone
- 1 cucchiaio di scorza di limone grattugiata
- 1 cipolla rossa, affettata
- 1 cucchiaio di aceto balsamico
- 1 libbra di cavolo riccio, strappato
- un pizzico di pepe nero

Istruzioni:
1. Mescolare l'indivia con il cavolo cappuccio e gli altri ingredienti in una ciotola, mescolare bene e servire fredda come guarnizione dell'insalata.

Cibo: calorie 270, grassi 11,4, fibre 5, carboidrati 14,3, proteine 5,7

insalata di edamame

Tempo di preparazione: 5 minuti
Tempo di cottura: 6 minuti
Pasti: 4

Materiali:
- 2 cucchiai di olio d'oliva
- 2 cucchiai di aceto balsamico
- 2 spicchi d'aglio, tritati
- 3 tazze di edamame, sbucciato
- 1 cucchiaio di coriandolo, tritato
- 2 scalogni, tritati

Istruzioni:
1. Scaldare una padella con l'olio a fuoco medio, aggiungere l'edamame, l'aglio e gli altri ingredienti, mescolare, cuocere per 6 minuti, distribuire nei piatti e servire.

Cibo: calorie 270, grassi 8,4, fibre 5,3, carboidrati 11,4, proteine 6

Insalata di uva e avocado

Tempo di preparazione: 5 minuti
Tempo di cottura: 0 minuti
Pasti: 4

Materiali:
- 2 tazze di spinaci novelli
- 2 avocado, sbucciati, senza semi e tritati grossolanamente
- 1 cetriolo, tagliato a fette
- 1 tazza e ½ di uva verde, tagliata a metà
- 2 cucchiai di olio di avocado
- 1 cucchiaio di aceto di mele
- 2 cucchiai di prezzemolo tritato
- un pizzico di pepe nero

Istruzioni:
1. Mescolare gli spinaci novelli con l'avocado e gli altri ingredienti in un'insalatiera e servire.

Cibo: calorie 277, grassi 11,4, fibre 5, carboidrati 14,6, proteine 4

Mix di melanzane al timo

Tempo di preparazione: 10 minuti
Tempo di cottura: 20 minuti
Pasti: 4

Materiali:
- 2 melanzane grandi, tagliate grossolanamente
- 1 cucchiaio di timo tritato
- ½ tazza di parmigiano magro grattugiato
- ¼ cucchiaino di aglio in polvere
- 2 cucchiai di olio d'oliva
- un pizzico di pepe nero

Istruzioni:
1. Unisci le melanzane con gli altri ingredienti tranne il timo e il formaggio in una terrina e mescola.
2. Cospargere di parmigiano, infornare e cuocere a 180°C per 20 minuti.
3. Dividere nei piatti e servire come contorno.

Cibo: calorie 248, grassi 8,4, fibre 4, carboidrati 14,3, proteine 5,4

mix di pomodori arrostiti

Tempo di preparazione: 10 minuti
Tempo di cottura: 20 minuti
Pasti: 4

Materiali:
- 2 libbre di pomodori, tagliati a metà
- 1 cucchiaio di basilico tritato
- 3 cucchiai di olio d'oliva
- buccia di 1 limone, grattugiata
- 3 spicchi d'aglio, tritati
- ¼ di tazza di parmigiano magro grattugiato
- un pizzico di pepe nero

Istruzioni:
1. Mettete su una teglia i pomodori, il basilico e gli altri ingredienti escluso il formaggio e mescolate.
2. Spolverare con parmigiano, infornare a 180 gradi per 20 minuti, distribuire nei piatti e servire come contorno.

Cibo: calorie 224, grassi 12, fibre 4,3, carboidrati 10,8, proteine 5,1

fungo al timo

Tempo di preparazione: 10 minuti
Tempo di cottura: 30 minuti
Pasti: 4

Materiali:
- 2 libbre di funghi bianchi, tagliati a metà
- 4 spicchi d'aglio, tritati
- 2 cucchiai di olio d'oliva
- 1 cucchiaio di timo tritato
- 2 cucchiai di prezzemolo tritato
- pepe nero a piacere

Istruzioni:
1. Unisci i funghi con l'aglio e gli altri ingredienti in una teglia, mescola, metti in forno e arrostisci a 400 F per 30 minuti.
2. Dividere nei piatti e servire come contorno.

Cibo: calorie 251, grassi 9,3, fibre 4, carboidrati 13,2, proteine 6

spinaci e mais

Tempo di preparazione: 10 minuti
Tempo di cottura: 15 minuti
Pasti: 4

Materiali:
- 1 tazza di mais
- 1 libbra di foglie di spinaci
- 1 cucchiaino di peperone rosso dolce
- 1 cucchiaio di olio d'oliva
- 1 cipolla gialla, tritata
- ½ tazza di basilico, strappato
- un pizzico di pepe nero
- ½ cucchiaino di fiocchi di peperoncino

Istruzioni:
1. Scaldare una padella con olio a fuoco medio, aggiungere la cipolla, mescolare e soffriggere per 5 minuti.
2. Aggiungere il mais, gli spinaci e gli altri ingredienti, mescolare, cuocere a fuoco medio per altri 10 minuti e servire.

Cibo: calorie 201, grassi 13,1, fibre 2,5, carboidrati 14,4, proteine 3,7

mais e capelin

Tempo di preparazione: 10 minuti
Tempo di cottura: 15 minuti
Pasti: 4

Materiali:
- 4 tazze di mais
- 1 cucchiaio di olio di avocado
- 2 scalogni, tritati
- 1 cucchiaino di peperoncino
- 2 cucchiai di concentrato di pomodoro senza sale aggiunto
- 3 cipolle, tritate
- un pizzico di pepe nero

Istruzioni:
1. Scaldare una padella con olio a fuoco medio, aggiungere il cipollotto e il peperoncino, mescolare e soffriggere per 5 minuti.
2. Aggiungere il mais e gli altri ingredienti, mescolare, cuocere per altri 10 minuti, distribuire nei piatti e servire come contorno.

Cibo: calorie 259, grassi 11,1, fibre 2,6, carboidrati 13,2, proteine 3,5

Insalata di spinaci e mango

Tempo di preparazione: 10 minuti
Tempo di cottura: 0 minuti
Pasti: 4

Materiali:
- 1 tazza di mango, sbucciato e tritato
- 4 tazze di spinaci novelli
- 1 cucchiaio di olio d'oliva
- 2 cipolline, tritate
- 1 cucchiaio di succo di limone
- 1 cucchiaio di capperi, scolati, senza aggiunta di sale
- 1/3 tazza di mandorle, tritate

Istruzioni:
1. Mescolare gli spinaci con il mango e gli altri ingredienti in una ciotola, mescolare e servire.

Cibo: calorie 200, grassi 7,4, fibre 3, carboidrati 4,7, proteine 4,4

patate con senape

Tempo di preparazione: 5 minuti
Tempo di cottura: 1 ora
Pasti: 4

Materiali:
- 1 libbra di patate dorate, sbucciate e tagliate a spicchi
- 2 cucchiai di olio d'oliva
- un pizzico di pepe nero
- 2 cucchiai di rosmarino tritato
- 1 cucchiaio di senape di Digione
- 2 spicchi d'aglio, tritati

Istruzioni:
1. Su una teglia, unire le patate con l'olio e gli ingredienti rimanenti, mescolare, mettere in forno a 400 gradi F e cuocere per circa 1 ora.
2. Dividere nei piatti e servire subito come contorno.

Cibo: calorie 237, grassi 11,5, fibre 6,4, carboidrati 14,2, proteine 9

Cavolini di Bruxelles al cocco

Tempo di preparazione: 5 minuti
Tempo di cottura: 30 minuti
Pasti: 4

Materiali:

- 1 libbra di cavoletti di Bruxelles, tagliati e tagliati a metà
- 1 tazza di crema al cocco
- 1 cucchiaio di olio d'oliva
- 2 scalogni, tritati
- un pizzico di pepe nero
- ½ tazza di anacardi, tritati

Istruzioni:

1. Metti i germogli con la panna e gli altri ingredienti su una teglia, mescola e inforna a 180 gradi F per 30 minuti.
2. Dividere nei piatti e servire come contorno.

Cibo: calorie 270, grassi 6,5, fibre 5,3, carboidrati 15,9, proteine 3,4

Carota salvia

Tempo di preparazione: 10 minuti
Tempo di cottura: 30 minuti
Pasti: 4

Materiali:
- 2 cucchiai di olio d'oliva
- 2 cucchiaini di peperoncino rosso dolce
- 1 libbra di carote, sbucciate e tritate grossolanamente
- 1 cipolla rossa, tritata
- 1 cucchiaio di salvia tritata
- un pizzico di pepe nero

Istruzioni:
1. Metti le carote in una teglia con l'olio e gli altri ingredienti, mescola e inforna a 180 gradi F per 30 minuti.
2. Dividere nei piatti e servire.

Cibo: calorie 200, grassi 8,7, fibre 2,5, carboidrati 7,9, proteine 4

Funghi all'aglio e mais

Tempo di preparazione: 10 minuti
Tempo di cottura: 20 minuti
Pasti: 4

Materiali:
- 1 libbra di funghi bianchi, tagliati a metà
- 2 tazze di mais
- 2 cucchiai di olio d'oliva
- 4 spicchi d'aglio, tritati
- 1 tazza di pomodori a cubetti in scatola senza aggiunta di sale
- un pizzico di pepe nero
- ½ cucchiaino di pepe macinato

Istruzioni:
1. Scaldare una padella a fuoco medio, aggiungere i funghi, l'aglio e il mais, mescolare e friggere per 10 minuti.
2. Aggiungete il resto degli ingredienti, mescolate, fate cuocere a fuoco medio per altri 10 minuti, distribuite nei piatti e servite.

Cibo: calorie 285, grassi 13, fibre 2,2, carboidrati 14,6, proteine 6,7.

pesto di fagiolini

Tempo di preparazione: 10 minuti
Tempo di cottura: 15 minuti
Pasti: 4

Materiali:
- 2 cucchiai di pesto di basilico
- 2 cucchiaini di peperoncino rosso dolce
- 1 libbra di fagiolini, tagliati e tagliati a metà
- succo di 1 limone
- 2 cucchiai di olio d'oliva
- 1 cipolla rossa, affettata
- un pizzico di pepe nero

Istruzioni:
1. Scaldare una padella con olio a fuoco medio, aggiungere la cipolla, mescolare e soffriggere per 5 minuti.
2. Aggiungere i fagioli e gli altri ingredienti, mescolare, cuocere a fuoco medio per 10 minuti, distribuire nei piatti e servire.

Cibo: calorie 280, grassi 10, fibre 7,6, carboidrati 13,9, proteine 4,7

pomodoro al dragoncello

Tempo di preparazione: 5 minuti
Tempo di cottura: 0 minuti
Pasti: 4

Materiali:

- 1 cucchiaio e ½ di olio d'oliva
- 1 libbra di pomodori, tritati
- 1 cucchiaio di succo di limone
- 1 cucchiaio di scorza di limone grattugiata
- 2 cucchiai di dragoncello tritato
- un pizzico di pepe nero

Istruzioni:

1. Mescolare i pomodori con gli altri ingredienti in una ciotola e servire come contorno dell'insalata.

Cibo: calorie 170, grassi 4, fibre 2,1, carboidrati 11,8, proteine 6

barbabietola alle mandorle

Tempo di preparazione: 10 minuti
Tempo di cottura: 30 minuti
Pasti: 4

Materiali:
- 4 barbabietole, sbucciate e tagliate a fette
- 3 cucchiai di olio d'oliva
- 2 cucchiai di mandorle tritate
- 2 cucchiai di aceto balsamico
- un pizzico di pepe nero
- 2 cucchiai di prezzemolo tritato

Istruzioni:
1. Disporre le barbabietole su una teglia con l'olio e gli altri ingredienti, mescolare, infornare e cuocere a 400 gradi F per 30 minuti.
2. Dividere il composto nei piatti e servire.

Cibo: calorie 230, grassi 11, fibre 4,2, carboidrati 7,3, proteine 3,6

menta pomodoro e mais

Tempo di preparazione: 5 minuti
Tempo di cottura: 0 minuti
Pasti: 4

Materiali:
- 2 cucchiai di menta tritata
- 1 libbra di pomodori, tritati
- 2 tazze di mais
- 2 cucchiai di olio d'oliva
- 1 cucchiaio di aceto al rosmarino
- un pizzico di pepe nero

Istruzioni:
1. Mettete i pomodori, il mais e gli altri ingredienti in un'insalatiera, mescolate e servite.

Divertimento!

Cibo: calorie 230, grassi 7,2, fibre 2, carboidrati 11,6, proteine 4

Salsa di zucchine e avocado

Tempo di preparazione: 5 minuti
Tempo di cottura: 10 minuti
Pasti: 4

Materiali:
- 2 cucchiai di olio d'oliva
- 2 zucchine, tritate
- 1 avocado, sbucciato, senza semi e tritato
- 2 pomodori tagliati
- 1 cetriolo, tritato
- 1 cipolla gialla, tritata
- 2 cucchiai di succo di limone fresco
- 2 cucchiai di coriandolo tritato

Istruzioni:
1. Scaldare una padella a fuoco medio, aggiungere la cipolla e le zucchine, mescolare e cuocere per 5 minuti.
2. Aggiungere gli ingredienti rimanenti, mescolare, cuocere per altri 5 minuti, distribuire nei piatti e servire.

Cibo: calorie 290, grassi 11,2, fibre 6,1, carboidrati 14,7, proteine 5,6

Miscela di mele e cavoli

Tempo di preparazione: 5 minuti
Tempo di cottura: 0 minuti
Pasti: 4

Materiali:
- 2 mele verdi, senza torsolo e tritate
- 1 testa di cavolo rosso, tritato
- 2 cucchiai di aceto balsamico
- ½ cucchiaino di semi di cumino
- 2 cucchiai di olio d'oliva
- pepe nero a piacere

Istruzioni:
1. Mettete il cavolo cappuccio con le mele e gli altri ingredienti in una ciotola, mescolate e servite come contorno all'insalata.

Cibo: calorie 165, grassi 7,4, fibre 7,3, carboidrati 26, proteine 2,6

Barbabietole al forno

Tempo di preparazione: 10 minuti
Tempo di cottura: 30 minuti
Pasti: 4

Materiali:
- 4 barbabietole, sbucciate e tagliate a fette
- 2 cucchiai di olio d'oliva
- 2 spicchi d'aglio, tritati
- un pizzico di pepe nero
- ¼ di tazza di prezzemolo tritato
- ¼ di tazza di noci tritate

Istruzioni:
1. Saltare le barbabietole in una teglia con l'olio e gli altri ingredienti, girare, mettere in forno a 420 gradi F, cuocere per 30 minuti, dividere nei piatti e servire come contorno.

Cibo: calorie 156, grassi 11,8, fibre 2,7, carboidrati 11,5, proteine 3,8

cavolo all'aneto

Tempo di preparazione: 10 minuti
Tempo di cottura: 15 minuti
Pasti: 4

Materiali:
- 1 libbra di cavolo verde, tritato
- 1 cipolla gialla, tritata
- 1 pomodoro tritato
- 1 cucchiaio di aneto tritato
- un pizzico di pepe nero
- 1 cucchiaio di olio d'oliva

Istruzioni:
1. Scaldare una padella con olio a fuoco medio, aggiungere la cipolla e farla soffriggere per 5 minuti.
2. Aggiungere il cavolo e gli altri ingredienti, mescolare, cuocere a fuoco medio per 10 minuti, distribuire nei piatti e servire.

Cibo: calorie 74, grassi 3,7, fibre 3,7, carboidrati 10,2, proteine 2,1

insalata di cavoli e carote

Tempo di preparazione: 5 minuti
Tempo di cottura: 0 minuti
Pasti: 4

Materiali:
- 2 scalogni, tritati
- 2 carote, grattugiate
- 1 grande testa di cavolo rosso, tritata
- 1 cucchiaio di olio d'oliva
- 1 cucchiaio di aceto rosso
- un pizzico di pepe nero
- 1 cucchiaio di succo di limone

Istruzioni:
1. Mescolare il cavolo riccio con lo scalogno e gli altri ingredienti in una ciotola, mescolare e servire come contorno per l'insalata.

Cibo: calorie 106, grassi 3,8, fibre 6,5, carboidrati 18, proteine 3,3

salsa con pomodorini e olive

Tempo di preparazione: 10 minuti
Tempo di cottura: 0 minuti
Pasti: 6

Materiali:
- 1 libbra di pomodorini, tagliati a metà
- 2 cucchiai di olio d'oliva
- 1 tazza di olive Kalamata, snocciolate e tagliate a metà
- un pizzico di pepe nero
- 1 cipolla rossa, tritata
- 1 cucchiaio di aceto balsamico
- ¼ tazza di coriandolo, tritato

Istruzioni:
1. Mescolare i pomodori, le olive e gli altri ingredienti in una ciotola, mescolare e servire come contorno dell'insalata.

Cibo: calorie 131, grassi 10,9, fibre 3,1, carboidrati 9,2, proteine 1,6

insalata di zucchine

Tempo di preparazione: 4 minuti
Tempo di cottura: 0 minuti
Pasti: 4

Materiali:
- 2 zucchine, affettate con uno spiralizzatore
- 1 cipolla rossa, affettata
- 1 cucchiaio di pesto di basilico
- 1 cucchiaio di succo di limone
- 1 cucchiaio di olio d'oliva
- ½ tazza di coriandolo, tritato
- pepe nero a piacere

Istruzioni:
1. Mettete le zucchine in un'insalatiera con la cipolla e gli altri ingredienti, mescolate e servite.

Cibo: calorie 58, grassi 3,8, fibre 1,8, carboidrati 6, proteine 1,6

Insalata di carote al curry

Tempo di preparazione: 4 minuti
Tempo di cottura: 0 minuti
Pasti: 4

Materiali:
- 1 libbra di carote, sbucciate e grattugiate grossolanamente
- 2 cucchiai di olio di avocado
- 2 cucchiai di succo di limone
- 3 cucchiai di sesamo
- ½ cucchiaino di curry in polvere
- 1 cucchiaino di rosmarino essiccato
- ½ cucchiaino di cumino macinato

Istruzioni:
1. Mescolare in una ciotola le carote con l'olio, il succo di limone e gli altri ingredienti e servire fredda come guarnizione dell'insalata.

Cibo: calorie 99, grassi 4,4, fibre 4,2, carboidrati 13,7, proteine 2,4

Insalata di lattuga e barbabietola

Tempo di preparazione: 5 minuti
Tempo di cottura: 0 minuti
Pasti: 4

Materiali:
- 1 cucchiaio di zenzero grattugiato
- 2 spicchi d'aglio, tritati
- 4 tazze di lattuga, strappata
- 1 barbabietola, sbucciata e grattugiata
- 2 cipolle verdi, tritate
- 1 cucchiaio di aceto balsamico
- 1 cucchiaio di sesamo

Istruzioni:
1. Condisci l'insalata con lo zenzero, l'aglio e gli altri ingredienti in una ciotola, mescola e servi come contorno.

Cibo: calorie 42, grassi 1,4, fibre 1,5, carboidrati 6,7, proteine 1,4

ravanelli vegetali

Tempo di preparazione: 5 minuti
Tempo di cottura: 0 minuti
Pasti: 4

Materiali:
- 1 libbra di ravanello rosso, tritato grossolanamente
- 1 cucchiaio di coriandolo, tritato
- 1 cucchiaio di prezzemolo tritato
- 1 cucchiaio di timo tritato
- 2 cucchiai di olio d'oliva
- 1 cucchiaio di succo di limone
- pepe nero a piacere

Istruzioni:
1. Mettete i ravanelli con l'erba cipollina e gli altri ingredienti in un'insalatiera, mescolate e servite.

Cibo: calorie 85, grassi 7,3, fibre 2,4, carboidrati 5,6, proteine 1

mix di finocchi arrostiti

Tempo di preparazione: 5 minuti
Tempo di cottura: 20 minuti
Pasti: 4

Materiali:
- 2 bulbi di finocchio affettati
- 1 cucchiaino di peperone rosso dolce
- 1 cipolla rossa piccola, affettata
- 2 cucchiai di olio d'oliva
- 2 cucchiai di succo di limone
- 2 cucchiai di aneto tritato
- pepe nero a piacere

Istruzioni:
1. Unisci il finocchio con la paprika e gli altri ingredienti in una teglia, mescola e arrostisci a 180 gradi F per 20 minuti.
2. Dividere il composto nei piatti e servire.

Cibo: calorie 114, grassi 7,4, fibre 4,5, carboidrati 13,2, proteine 2,1

peperone arrostito

Tempo di preparazione: 10 minuti
Tempo di cottura: 30 minuti
Pasti: 4

Materiali:
- 1 libbra di peperoni misti, tritati
- 1 cipolla rossa, affettata sottilmente
- 2 cucchiai di olio d'oliva
- pepe nero a piacere
- 1 cucchiaio di timo tritato
- 2 cucchiai di foglie di menta tritate

Istruzioni:
1. Unisci i peperoni con la cipolla e gli altri ingredienti in una teglia, mescola e arrostisci a 180 gradi F per 30 minuti.
2. Dividere il composto nei piatti e servire.

Cibo: calorie 240, grassi 8,2, fibre 4,2, carboidrati 11,3, proteine 5,6

Datteri e cavoli

Tempo di preparazione: 5 minuti
Tempo di cottura: 15 minuti
Pasti: 4

Materiali:
- 1 libbra di cavolo rosso, tritato
- 8 datteri, snocciolati e affettati
- 2 cucchiai di olio d'oliva
- ¼ di tazza di brodo vegetale a basso contenuto di sodio
- 2 cucchiai di coriandolo, tritato
- 2 cucchiai di succo di limone
- pepe nero a piacere

Istruzioni:
1. Scaldare una padella con olio a fuoco medio, aggiungere il cavolo e i datteri, mescolare e cuocere per 4 minuti.
2. Aggiungete la zuppa e gli altri ingredienti, mescolate, fate cuocere a fuoco medio per altri 11 minuti e servite.

Cibo: calorie 280, grassi 8,1, fibre 4,1, carboidrati 8,7, proteine 6,3

Miscela di fagioli neri

Tempo di preparazione: 4 minuti
Tempo di cottura: 0 minuti
Pasti: 4

Materiali:
- 3 tazze di fagioli neri in scatola, senza aggiunta di sale, scolati e sciacquati
- 1 tazza di pomodorini, tagliati a metà
- 2 scalogni, tritati
- 3 cucchiai di olio d'oliva
- 1 cucchiaio di aceto balsamico
- pepe nero a piacere
- 1 cucchiaio di coriandolo, tritato

Istruzioni:
1. Mescolare i fagioli con i pomodori e gli altri ingredienti in una ciotola e servire freddo come contorno.

Cibo: calorie 310, grassi 11,0, fibre 5,3, carboidrati 19,6, proteine 6,8

Misto di olive e cicoria

Tempo di preparazione: 4 minuti
Tempo di cottura: 0 minuti
Pasti: 4

Materiali:
- 2 cipolline, tritate
- 2 indivie, grattugiate
- 1 tazza di olive nere, snocciolate e affettate
- ½ tazza di olive Kalamata, snocciolate e affettate
- ¼ di tazza di aceto di mele
- 2 cucchiai di olio d'oliva
- 1 cucchiaio di coriandolo, tritato

Istruzioni:
1. Mescolare l'indivia con le olive e gli altri ingredienti in una ciotola e servire.

Cibo: calorie 230, grassi 9,1, fibre 6,3, carboidrati 14,6, proteine 7,2

Insalata di pomodori e cetriolo

Tempo di preparazione: 5 minuti
Tempo di cottura: 0 minuti
Pasti: 4

Materiali:
- Mezzo chilo di pomodori tritati
- 2 cetrioli, affettati
- 1 cucchiaio di olio d'oliva
- 2 cipolline, tritate
- pepe nero a piacere
- Succo di 1 lime
- ½ tazza di basilico tritato

Istruzioni:
1. Mettete i pomodori, i cetrioli e gli altri ingredienti in un'insalatiera, mescolate e servite freddo.

Cibo: calorie 224, grassi 11,2, fibre 5,1, carboidrati 8,9, proteine 6,2

Insalata di peperoni e carote

Tempo di preparazione: 5 minuti
Tempo di cottura: 0 minuti
Pasti: 4

Materiali:
- 1 tazza di pomodorini, tagliati a metà
- 1 peperone giallo, tritato
- 1 peperone rosso, tritato
- 1 peperone verde, tritato
- ½ libbra di carote, grattugiate
- 3 cucchiai di aceto di vino rosso
- 2 cucchiai di olio d'oliva
- 1 cucchiaio di coriandolo, tritato
- pepe nero a piacere

Istruzioni:
1. In un'insalatiera, unisci i pomodori con peperoni, carote e altri ingredienti, mescola e servi come contorno dell'insalata.

Cibo: calorie 123, grassi 4, fibre 8,4, carboidrati 14,4, proteine 1,1

Mix di fagioli neri e riso

Tempo di preparazione: 10 minuti
Tempo di cottura: 30 minuti
Pasti: 4

Materiali:
- 2 cucchiai di olio d'oliva
- 1 cipolla gialla, tritata
- 1 tazza di fagioli neri in scatola, senza aggiunta di sale, scolati e sciacquati
- 2 tazze di riso nero
- 4 tazze di brodo di pollo a basso contenuto di sodio
- 2 cucchiai di timo tritato
- ½ scorza di limone
- un pizzico di pepe nero

Istruzioni:
1. Scaldare una padella con olio a fuoco medio, aggiungere la cipolla, mescolare e soffriggere per 4 minuti.
2. Aggiungere i fagioli, il riso e gli altri ingredienti, mescolare, portare a ebollizione e cuocere a fuoco medio per 25 minuti.
3. Mescolare il composto, suddividerlo nei piatti e servire.

Cibo: calorie 290, grassi 15,3, fibre 6,2, carboidrati 14,6, proteine 8

Misto di riso e cavolfiore

Tempo di preparazione: 10 minuti
Tempo di cottura: 25 minuti
Pasti: 4

Materiali:
- 1 tazza di cimette di cavolfiore
- 1 tazza di riso bianco
- 2 tazze di brodo di pollo a basso contenuto di sodio
- 1 cucchiaio di olio di avocado
- 2 scalogni, tritati
- ¼ tazza di mirtilli rossi
- ½ tazza di mandorle a fette

Istruzioni:
1. Scaldare una padella a fuoco medio, aggiungere lo scalogno, mescolare e soffriggere per 5 minuti.
2. Aggiungere il cavolfiore, il riso e gli altri ingredienti, mescolare, portare a ebollizione e cuocere a fuoco medio per 20 minuti.
3. Dividere il composto nei piatti e servire.

Cibo: calorie 290, grassi 15,1, fibre 5,6, carboidrati 7, proteine 4,5

Miscela di fagioli balsamici

Tempo di preparazione: 10 minuti
Tempo di cottura: 0 minuti
Pasti: 4

Materiali:
- 2 tazze di fagioli neri in scatola, senza aggiunta di sale, scolati e sciacquati
- 2 tazze di fagioli bianchi in scatola, senza aggiunta di sale, scolati e sciacquati
- 2 cucchiai di aceto balsamico
- 2 cucchiai di olio d'oliva
- 1 cucchiaino di timo secco
- 1 cucchiaino di basilico essiccato
- 1 cucchiaio di coriandolo, tritato

Istruzioni:
1. Condire i fagioli con l'aceto e gli altri ingredienti in un'insalatiera, mescolare e servire come contorno di insalata.

Cibo: calorie 322, grassi 15,1, fibre 10, carboidrati 22,0, proteine 7

crema di barbabietola

Tempo di preparazione: 5 minuti
Tempo di cottura: 20 minuti
Pasti: 4

Materiali:
- Barbabietole da 1 libbra, sbucciate e tritate
- 1 cipolla rossa, tritata
- 1 cucchiaio di olio d'oliva
- ½ tazza di crema di cocco
- 4 cucchiai di yogurt magro
- 1 cucchiaio di coriandolo, tritato

Istruzioni:
1. Scaldare una padella a fuoco medio, aggiungere la cipolla, mescolare e soffriggere per 4 minuti.
2. Aggiungere la barbabietola, la panna e gli altri ingredienti, mescolare, cuocere a fuoco medio per altri 15 minuti e servire.

Cibo: calorie 250, grassi 13,4, fibre 3, carboidrati 13,3, proteine 6,4

Miscela di avocado e pepe

Tempo di preparazione: 10 minuti
Tempo di cottura: 14 minuti
Pasti: 4

Materiali:
- 1 cucchiaio di olio di avocado
- 1 cucchiaino di peperone rosso dolce
- 1 libbra di peperoni misti, tagliati a listarelle
- 1 avocado, sbucciato, tagliato a metà e tagliato a metà
- 1 cucchiaino di aglio in polvere
- 1 cucchiaino di rosmarino essiccato
- ½ tazza di brodo vegetale a basso contenuto di sodio
- pepe nero a piacere

Istruzioni:
1. Scaldare una padella a fuoco medio, aggiungere tutti i peperoni, mescolare e friggere per 5 minuti.
2. Aggiungere gli ingredienti rimanenti, mescolare, cuocere a fuoco medio per altri 9 minuti, distribuire nei piatti e servire.

Cibo: calorie 245, grassi 13,8, fibre 5, carboidrati 22,5, proteine 5,4

Patate dolci e barbabietole al forno

Tempo di preparazione: 10 minuti
Tempo di cottura: 1 ora
Pasti: 4

Materiali:
- 3 cucchiai di olio d'oliva
- 2 patate dolci, sbucciate e tagliate a rondelle
- 2 barbabietole, sbucciate e tagliate a fette
- 1 cucchiaio di timo tritato
- 1 cucchiaio di succo di limone
- pepe nero a piacere

Istruzioni:
1. Disporre le patate dolci e le barbabietole su una teglia, aggiungere gli ingredienti rimanenti, mescolare, infornare e cuocere a 180°C per 1 ora.
2. Dividere nei piatti e servire come contorno.

Cibo: calorie 240, grassi 11,2, fibre 4, carboidrati 8,6, proteine 12,1

Facciamo bollire il cavolo

Tempo di preparazione: 10 minuti
Tempo di cottura: 15 minuti
Pasti: 4

Materiali:
- 2 cucchiai di olio d'oliva
- 3 cucchiai di aminoacidi del cocco
- 1 libbra di cavolo riccio, strappato
- 1 cipolla rossa, tritata
- 2 spicchi d'aglio, tritati
- 1 cucchiaio di succo di limone
- 1 cucchiaio di coriandolo, tritato

Istruzioni:
1. Scaldare una padella con olio d'oliva a fuoco medio, aggiungere la cipolla e l'aglio e soffriggere per 5 minuti.
2. Aggiungere il cavolo riccio e gli altri ingredienti, mescolare, cuocere a fuoco medio per 10 minuti e servire.

Cibo: calorie 200, grassi 7,1, fibre 2, carboidrati 6,4, proteine 6

carote condite

Tempo di preparazione: 10 minuti
Tempo di cottura: 20 minuti
Pasti: 4

Materiali:
- 1 cucchiaio di succo di limone
- 1 cucchiaio di olio d'oliva
- ½ cucchiaino di pimento, macinato
- ½ cucchiaino di cumino macinato
- ½ cucchiaino di cocco macinato
- 1 libbra di carotine, affettate
- 1 cucchiaio di rosmarino tritato
- pepe nero a piacere

Istruzioni:
1. In una teglia, unire le carote con il succo di limone, l'olio e gli altri ingredienti, mescolare, mettere in forno e arrostire a 400 gradi F per 20 minuti.
2. Dividere nei piatti e servire.

Cibo: calorie 260, grassi 11,2, fibre 4,5, carboidrati 8,3, proteine 4,3

carciofi al limone

Tempo di preparazione: 10 minuti
Tempo di cottura: 20 minuti
Pasti: 4

Materiali:
- 2 cucchiai di succo di limone
- 4 carciofi mondati e tagliati a metà
- 1 cucchiaio di aneto tritato
- 2 cucchiai di olio d'oliva
- un pizzico di pepe nero

Istruzioni:
1. Metti i carciofi su una teglia con il succo di limone e gli altri ingredienti, mescola delicatamente e inforna a 400 gradi F per 20 minuti. Dividere nei piatti e servire.

Cibo: calorie 140, grassi 7,3, fibre 8,9, carboidrati 17,7, proteine 5,5

www.ingramcontent.com/pod-product-compliance
Lightning Source LLC
Chambersburg PA
CBHW071828110526
44591CB00011B/1266